과학시대의 창조론

과학적 무신론, 창조과학, 유신진화론을
넘어서는 온신학의 창조론

온신학출판부

과학시대의 창조론

과학적 무신론, 창조과학, 유신진화론을
넘어서는 온신학의 창조론

초판1쇄 │ 2020년 10월 09일
2판 발행 │ 2020년 11월 23일

저　　자 │ 김 명 용
발 행 인 │ 최 태 영
발 행 처 │ 온신학회출판부
신고번호 │ 제 2015-9호
주　　소 │ 05378 서울특별시 강동구 천호대로1006 브라운스톤719호
전　　화 │ 010-3804-6305, 010-8731-3911
팩　　스 │ 02-579-0826
이 메 일 │ brightface@gmail.com
디 자 인 │ 굿모닝 디자인

값 13,000원

ISBN 979-11-9719-310-1 93230
ⓒ 온신학회출판부 2020

과학시대의 창조론

과학적 무신론, 창조과학, 유신진화론을
넘어서는 온신학의 창조론

김 명 용

온신학출판부

목 차

머리말 과학시대의 새로운 창조론의 필요성 / 9
과학적 무신론, 창조과학 및 유신진화론을 넘어서는
새로운 창조론의 길을 찾다 / 11

**제1부   보이는 세계와 보이지 않는 세계를
        창조하신 하나님 / 25**

　　　　신다윈주의(Neo-Darwinism)의 물질주의적 축소주의
　　　　(materialistic reductionism)에 대한 온신학적 비판 / 27

서언   시급히 극복되어야 할 물질주의적 축소주의 / 27

제1장   세상에는 물질만 있는 것일까? / 29
　　　　세상의 모든 근원에는 원자가 있을 뿐이라는 주장의 한계 / 29

**제2장 '물리학 역사에 가장 아름다운 실험' 과
       그 파장 / 33**
　　　　Ⅰ. 의식과 정보에 의한 양자파동의 붕괴와 소립자들의 탄생 / 33
　　　　Ⅱ. '우주적 정신' (Cosmic Mind)이란 무엇일까? / 37
　　　　Ⅲ. 우주와 생명체의 복잡한 정보의 근원이신 하나님 / 42

제3장 자아와 의식 및 영혼은 존재하는가? / 46

    Ⅰ. 너의 뇌가 너 자신이라는 이론의 오류 / 46

    Ⅱ. 뇌 분리(split-brain) 실험이 갖는 철학적 신학적 함의 / 52

    Ⅲ. 영혼과 보이지 않는 실재에 대한 성경적 이해 / 55

        A. 사람이 죽으면 영혼도 없어지는 것일까? / 55

        B. 영혼과 영적 존재 및 보이지 않는 실재에 대한 성경의 가르침 / 60

결언 / 63

제2부 창조와 진화 / 69

    창조론을 위한 온신학의 중요한 발견과 새로운 해석 / 71

서언 객관적 이성으로 창조주 하나님이 인식될
      가능성에 대한 논의 / 71

제1장 지적 설계 이론에 대한 도킨스(R. Dawkins)의
      비판 / 75

제2장   인간 중심적 우주원리
        (anthropic cosmological principle)와
        하나님의 계획 (God's plan) / 82
        Ⅰ. 인간 중심적 우주원리란 무엇일까? / 82
        Ⅱ. 우주에 존재하는 하나님의 계획 / 86

제3장   정교하게 조율된 우주
        (a fine-tuned universe) / 93

제4장   하나님의 창조를 암시하는 캄브리아기의
        생명체 대폭발(Cambrian explosion) / 97

제5장   '자연의 역사'의 주이신 하나님과
        다양한 다른 주체들 / 103
        Ⅰ. '자연의 역사'에 주체적으로 활동하는 하나님, 인간,
            피조물과 마귀 및 영적 존재들 / 103
        Ⅱ. 피조물의 비극과 하나님의 구원계획 / 105

제6장   하나님의 계속적 창조(creatio continua) / 109
        Ⅰ. 신다원주의 이론으로는 해명되지 않는 생명체의 복잡성 / 109
        Ⅱ. 유신진화론과 계속적 창조론의 차이 / 112

제7장   다중우주론의 한계 / 120

제8장　모든 존재의 존재론적(ontological) 근원이신
　　　 야웨(YHWH) 하나님 / 127

결언 / 131

부록 / 135

『온신학』독일어 번역 출간(독일 Hamburg 대학교,
2019)을 기념하는 기념 강연 / 135

제1강연 / 137

토론되고 있는 온신학
(Ohn Theologie in der Diskussion)

위르겐 몰트만(Jürgen Moltmann) 교수
(독일 Tübingen 대학교)

제2강연 / 159

김명용 교수의 온신학의 미래를 위하여
(Zur Zukunft der Ohn Theologie von
 Professor Myung Yong Kim)

미하엘 벨커(Michael Welker) 교수
(독일 Heidelberg 대학교)

과학시대의
새로운 창조론의 필요성

■

과학적 무신론, 창조과학 및 유신진화론을
넘어서는 새로운 창조론의 길을 찾다

머리말

새로운 창조론의 필요성

– 과학적 무신론, 창조과학 및 유신진화론을 넘어서는
새로운 창조론의 길을 찾다 –

신다윈주의(Neo-Darwinism)의 진화론적 세계관이 오늘날 전 세계를 휩쓸고 있다. 미국에서는 진화론이 아닌 관점에서 과학을 강의하면 강의가 금지되고, 대학교수들은 총장실에 불려간다. 100년 전에는 진화론을 강의하면 불려가고, 때로는 재판에 회부되기도 했는데, 지금은 상황이 정반대로 되어 있다. 2005년 도버(Dover) 재판에서 창조과학이 실패하고, '방법론적 자연주의' 가 과학 연구의 기준이 되면서, 과학연구에서 하나님은 추방되고, 물질이 세상을 만들었음을 가르치는 물질주의(materialism)가 초등학교에서부터 대학원의 전문적인 과학연구에 이르기까지 모든 영역을 지배하게 되었다. 이 진화론적 세계관에 세뇌된 젊은 세대들은 교회를 떠나고, 교회를 과거 시대의 문화적 유산 정도로 생각하게 되었다. 그 결과 미국에서 기독교인의 수는 너무나도 심각하게 감소했고, 이 위기는 미국을 넘어 전 세계 기독교의 위기로 번지고 있다. 한국에서는 도킨스(R. Dawkins)의 『만들어진 신』(God Delusion)을 비롯한 무신론적 진화론이 대학가와 청년들 및 지성인들에게 엄청난 영향을 미치면서, 대학생 가운데 기독교인의 수효는 과거와 비교할 수 없을 정도로 심각하게 감소했다. 이 무신론적 진화론이 과학적 무신론의 대표적 이론이다. 오늘날 대학가에서 기독교인이라는 말은 경멸의 말이 되었다. 그 경멸 속에는 무식하고 현대과학을 모른다는 비웃음이 내재하고 있다. 이 심각한 상황에서 상당수의 신학자들과 기독교 과학자들은 유신진화론를 주장하며, 창조과학의 실패에 대한 대안으로, 사회와 교회를 설득하려는 힘겨운 노력을 하고 있다.

　창조과학은 진화론을 반대하는 사람들의 과학이다. 지구의 역사를 6,000년에서 1만년 정도로 추정하고, 성경의 과학을 오류 없는 진리로 신봉하고, 이를 오늘의 과학적 관점으로 입증해서 하나님의 창조를 변증하려는, 미국의 근본주의 신학의 흐름 속에 있는 과학자들과 신학자들의 모임과 연구를 지칭하는 표현이다. 이 창조과학을 정통 과학계에서는 사이비 과학으로 취급한다. 이 창조과학은 한국에도 상당한 흐름이 있는데, 보수적인 한국교회가 창조론과 진화론의 관계에 대한 강의를 할 때는 이 흐름의 학자들을 초청해서 강의하는 경우가 많다. 이런 관계로 한국의 많은 학문적인 과학자들은 교회의 활동에 대해 강한 불신을 갖고 있다.

　문재인 정부 초기에 중소벤처기업부 장관에 지명되었던 포항공대의 박성진 교수가 과학계의 반발로 낙마하는 일이 있었다. 박성진 교수는 한국 창조과학회의 회원이었다. 한국의 과학계는 지구의 역사를 1만년 이하라고 하고, 공룡과 인간이 함께 살았다는 사이비 과학을 전하는 창조과학의 회원이 과학 문제를 책임지는 중소벤처부 장관에 임명되는 것은 있을 수 없다고 크게 반발했다. 창조과학에 대한 반발은 과학계에만 있는 것이 아니다. 신학계에서도 과학계와 유사한 반발이 있다. 신학의 학문성을 강조하는 흐름 속의 신학자들은, 성경의 과학이 고대인의 과학이라는 것도 알지 못하고, 성경에 대한 학문적 연구의 기초도 되어 있지 않은, 근본주의 신학에 창조과학이 기반을 두고 있음에 대해 크게 우려하고 있다. 이런 이유 때문에 창조과학은 신학계와 과학계 양쪽으로 배척받게 되었다. 창조과학이 진화론의 공격에서 기독교의 창조론을 구해낼 수 없다는 인식은 한국 기독교의 학문적 세계에서는 널리 퍼져 있다. 그러면 이 위기 상황에서 기독교 신앙을 구출할 수 있는 대안이 있을까? 그 대안으로 한국 기독교의 학문적 세계에서는 유신진화론에 대한 선호도가 높아지게 되었다 그러면 유신진화론은 도대체 어떤 이론이며 유신진화론이 과연 이 위기를 극복하는 대안일까?

유신진화론은 프랑스의 가톨릭 신학자 떼이야르 드 샤르뎅(Teilhard de Chardin)에 의해 체계화 되면서 전 세계에 알려진 이론인데, 핵심은 진화를 하나님의 창조의 방법으로 이해하자는 것이었다. 진화론은 과학적으로 옳은 이론인데, 그 진화의 역사 안에 하나님께서 계신다고 주장한 것이 샤르뎅의 이론이었다. 샤르뎅은 무신진화론과 유신진화론을 구별했는데 하나님 없이 진화가 일어났다는 무신진화론은 오류이지만, 하나님과 함께 진화가 일어났다는 유신진화론은 생명체의 진화를 이해하는 바른 이해라고 주장했다. 샤르뎅에 의하면 하나님께서 말씀으로 갑자기 기적적으로 태양을 만드는 일은 없었다. 무에서 유를 갑자기 기적적으로 만드는 것은 하나님의 창조의 방법이 아니다. 샤르뎅에 의하면 진화가 하나님의 창조의 방법이다. 물질 진화의 과정이 하나님께서 태양을 만드신 과정이고, 지구의 생명체와 인간의 탄생도 마찬가지이다. 이 유신진화론은 20세기 후반에 들어와서는 진화론과 창조론을 조화시키고자 하는 많은 신앙을 가진 과학자들과 신학자들이 좋아하는 이론이 되었다.

유신진화론은 최근에 한국의 학문성을 지닌 기독교 학자들이 진화론의 공격으로 위기를 맞은 기독교 신앙을 구해내기 위해, 그리고 창조과학의 대안으로 강조하고 있다. 이들에 의하면 창조과학의 무식한 길을 교회가 걸어가면 안 된다. 진화론은 이미 과학적으로 입증된 이론이기 때문에 창조과학처럼 진화론이 과학적으로 잘못되었다고 주장하면서 사이비 과학의 길로 전락하면 안 된다. 유신진화론을 주장하는 학자들에 의하면 한국교회가 창조과학과 결탁하면서 사이비 과학의 요람이 된 것은 한국교회의 위기이다. 특별히 보수적 교회가 이 위기 속에 있다. 이 위기를 극복하기 위해서는 공룡과 인간이 함께 살았다는 등의 진화론을 공격하는 일을 시급히 그만두어야 한다. 학문적으로 입증된 과학은 객관적 과학적 진실로 받아들여야 한다. 학생들과 청년들에게 사이비 과학을 가르쳐서 학교 선생님의 우려의 대상이 되고, 친구들로부터 왕따를 당하게 만드는 일을 한국교회는 그만 두어야 한다. 이제 한국교회와 한국의 신학이 가야할 길은 그동안 잘못 이해하고 가르친 기독교 창조론을 재구성해서 유신진화론의 방향으로 나아가야 한다. 그 길이 과학시대에 기독교가 사회로부터 버림받지 않고 과학시대에 적폐가 되지 않는 길이다. 유신진화론을 주장하는 학자들에 의하면 지금이라도 진화론과 창조론이 공존하는 바른 길을 가야 한다.

그러면 교회는 유신진화론을 받아들이고 유신진화론의 길로 가야하는가? 최근에 한국에 등장하는 '창조와 진화'의 관계에 대한 저술들은 유신진화론의 길을 여는 저술들이 상당히 많아졌다. 그러면 이와 같이 창조론과 진화론을 조화시키고 과학과 갈등을 일으키지 않는 것이 바람직한 일일까? 그런데 교회가 유신진화론을 받아들이는 것은 간단치 않을 뿐만 아니라, 상당히 심각한 일로 보인다. 왜냐하면 유신진화론은 진화론이지 창조론이 아니기 때문이다. 진화적 창조이므로 창조론이라고 주장할 수는 있어도, 그것은 주장일 뿐이고, 전능하신 하나님의 능력과 말씀으로 세상을 창조했다는 교회가 믿어오던 정통적 창조론은 아니다. 그런 까닭에 유신진화론은 교회가 지금까지 믿어왔던 창조론의 근본 틀을 깨뜨릴 위험이 크다. 어쩌면 창조론 자체를 해체시켜서 새로 만들어야 한 심각성도 있다.

유신진화론은 진화론이 과학적으로 옳다는 전제를 가지고 있기 때문에, 남아 있는 길은 창조론을 심각하게 바꾸어서 진화론에 맞추어야 하는 매우 위험하고 불편한 길 뿐이다. 과연 교회가 지금까지의 창조론을 심각하게 바꾸어서 진화론에 영합하는 것이 오늘의 과학의 시대에 교회가 살아남는 방법일까? "전능하사 천지를 만드신 하나님 아버지를 내가 믿사오며"라고 고백하는 사도신경의 첫머리까지 상당 부분 수정해서, "물질이 스스로 진화해서 하늘과 땅이 되었는데, 전능을 포기하시고 자신을 낮추신 하나님께서 그 진화 속에 계셨음을 내가 믿사오며"라고 고백하는 것이 교회가 가야 할 바른 길일까? 유신진화론을 받아들이면 사도신경을 위와 같이 수정해야 할 가능성이 높다. 유신진화론은 무에서의 창조(creatio ex nihilo)나 하나님의 전능을 통한 창조라는 기독교 창조론의 근간을 흔드는 이론이기 때문에, 과연 대안인지에 대해 심각하게 숙고해야 한다. 또한 유신진화론은 정통적 신다원주의자들의 비웃음의 대상이라는 것도 유념해야 한다. 도킨스(R. Dawkins)는 그의 책 『만들어진 신』에서 신이 진화를 일으켰다는 유신진화론을 과학적 근거가 없는 무식이라고 비웃고 있다. 도킨스에 의하면 진화는 목적도 없고 방향도 없다. 떼이야르 드 샤르뎅이 언급한 진화의 목적으로서의 오메가 포인트로서의 우주적 그리스도의 몸은 과학적 근거가 없는 우스꽝스러운 공상이다. 정통적 신다원주의자들에 의하면, 진화는 물질이 스스로 일으키는 변화이지, 그곳에 신의 영향을 언급하는 것은 비과학적인 일로 결코 해서는 안 된다.

『과학시대의 창조론』은 이 위기를 극복하기 위한 온신학의 창조론이다. 과학시대는 오늘의 교회 앞에 있는 큰 도전이고, 특히 기독교 창조론 앞에 있는 큰 도전이다. 온신학은 창조과학이 이 위기를 극복하기 위해 많은 노력을 했지만, 근본주의적 성경해석과 고대인의 과학을 절대화 하는 오류 때문에 성공으로 가는 바른 길을 열었다고 생각지 않는다. 창조과학은 과학시대와 맞지 않는 과학이다. 또한 유신진화론도 물질 속에 내주하시는 하나님의 영에 대한 새로운 시야를 열어주고, 유념할만한 업적이 있음에도 불구하고, 진화론을 극복하지 않고 진화론과의 타협을 바른 길로 제시하고 있기 때문에 역시 성공으로 가는 바른 길을 열었다고 생각지 않는다. 기독교의 창조론은 창조론이어야 하지 진화론 안에서 자신의 살 길을 찾는 것은 바른 길이 아니다. 바른 길은 이 책에서 제시하고 있는 온신학의 창조론 속에 있다. 과학적 무신론도 창조과학도 유신진화론도 아닌 다른 길이 있을까? 더구나 오늘과 같은 과학의 시대에 진화론과 타협하지 않고 창조론을 구현할 수 있는, 그리고 그것을 학문적으로 입증할 수 있는 길이 정말 있을까? 이 책은 바로 이 길을 찾은 기쁨과 그 길을 보여주기 위한 책이다.

하나님은 보이는 세계와 보이지 않는 세계를 창조하셨다. 제1부의 주제인 '보이는 세계와 보이지 않는 세계를 창조하신 하나님'은, 보이는 세계, 곧 물질밖에 모르는 신다윈주의의 심각한 무식을 비판하는 글이다. 신다윈주의에 존경심을 가진 많은 사람들은 신다윈주의의 무식에 동의하지 않을지 모른다. 신다윈주의의 심각한 무식은 보이지 않는 세계가 없다고 생각하는 무식이다. 그리고 그 보이지 않는 세계가 보이는 세계에 엄청난 영향을 미치고 있음을 모르는 무식이다. 보이지 않는 세계가 정말 있을까? 제1부를 읽으면 있다는 것을 알 수 있을 것이다. 진화론적 과학에 편승해서 보이지 않는 세계를 신학의 영역으로 제대로 취급하지 않았던, 많은 소위 '진보적' 신학자들은 신학의 방향을 수정해야 한다. 신학의 위대함은 보이지 않는 세계를 설명함에 있다. 표피적으로 진화로 보이는 역사 배후에는 보이지 않는 엄청난 것들이 있다. 표피적으로 보이는 물질의 진화로 자연의 역사를 설명하는 것은 수박 겉핥기에 지나지 않는 심각한 문제를 지닌다. 오늘의 양자역학은 이 보이지 않는 세계의 경계에 진입한 것으로 보인다. 급속도로 발전한 오늘의 뇌 과학 역시 이 보이지 않는 세계의 경계에 진입하고 있다. 오늘의 분자 생물학은 세포 속에 존재하는 천문학적 정보를 발견했지만, 이 정보의 출처를 해명하지 못하는 심각한 곤경에 빠져 있다. 이 곤경은 생물학이 보이지 않는 세계의 경계에 부딪히면서 맞이한 곤경이다. 제1부는 경계에 진입한 과학과 신학과의 만남을 기술하는 장이다. 그리고 이 만남에서 경계 너머의 보이지 않는 세계에 대한 분명한 시야를 여는 것이 제1부의 목적이다. 신, 영혼, 자아, 천국, 사랑, 말씀(정보), 아픔, 행복, 마귀 및 영적 존재들 등 물질주의의 신다윈주의로는 설명이 안 되는, 많은 보이지 않는 세계가 존재한다는 것을 제1부를 통해 알게 될 것이다. 그리고 제1부를 통해 오늘의 신다윈주의적 과학의 본질적인 문제가 무엇인지도 분명히 드러날 것이다.

제2부 '창조와 진화'는 제1부의 발견을 기초로 오늘날 진화론의 공격에 의해 초토화되고, 거의 기능을 상실하고 있는 창조론을 복구하는 장이다. 오늘의 무신론적 과학적 토양에서 창조론을 복구할 수 있을까? 오늘의 무신론적 과학적 토양에서 창조론을 복구하는 것은 죽은 아이를 울며불며 살리려고 하는 무망한 시도가 아닐까? 오늘의 많은 신다윈주의적 세계관을 갖고 있는 무신론적 과학자들은 교회에서 행하는 창조론 강의는 죽은 아이를 죽지 않았다고 우기는 일 같은 것으로 판단하고 비웃고 있다. 그러나 제2부를 자세히 읽으면 아이가 죽지 않았다는 놀라운 사실을 알게 될 것이다. 창조론이 강력한 근거를 갖고 있고, 지금까지 절대적인 것으로 알고 있었던 진화론이 허술한 이론에 불과하다는 것을 알게 될 것이다.

자연의 역사는 하나님의 계속적 창조의 역사이다. 하나님의 창조는 태초의 창조와 계속적 창조와 종말론적 창조가 있다. 하나님의 계속적 창조의 역사에서 하나님을 빼고 설명하려고 했던 시도가 진화론의 허술하고도 위험한 시도였다. 제2부를 읽으면 세계적으로 악명이 높았던 무신론적 철학자 안토니 플루(Anthony

Flew)가 생애 마지막 시기에 와서, 신이 있다는『존재하는 신』(There is A God)이라는 제목의 책을 남기고 세상을 떠난 이유도 알게 될 것이다. 플루는 신이 없다는 책을 써서 세계에 널리 알려진 학자이다. 그는 신이 없다는 책 때문에 유명해진 학자였다. 그는 신이 없다는 책을 쓸 때 오직 이성적으로 과학적 증거에 기초를 두고 판단하면 신이 없는 것이 틀림없다고 주장했다. 그러나 그의 생애 마지막 시기에 와서 그는 오직 이성적으로 과학적 증거를 기초로 판단하면 신이 있는 것이 틀림없다고 밝혔고, 자신의 과거의 주장을 모두 뒤집었다. 왜 이런 일이 일어났을까? 핵심적 이유가 이 책의 제2부에 자세히 서술되어 있다. 하나님은 계시고, 세상은 하나님에 의해 창조된 세상이기 때문이다.

오늘의 진화론은 위기에 빠져있다. 진화론을 거의 절대적인 힘을 가진 이론으로 생각하고 이 진화론과 타협의 길을 모색한 유신진화론이 왜 잘못된 길을 걷고 있는지도 제2부를 통해 알게 될 것이다. 교회가 학문적으로 가야 할 바른 길이 유신진화론이 아닌 이유도 이 책을 통해 알 수 있을 것이다. 온신학은 학문적 바탕 위에서 창조론을 주장하는 신학이다. 유신진화론은 한편으로는 하늘과 땅을 창조하신 하나님의 위대함을 허물뿐만 아니라 다른 한편으로는 허술한 진화론을 신성화시키고 절대화 할 위험이 있다. 뿐만 아니라 물질이 진화해서 하나님 나라가 될 가능성도 이 유신진화론은 열어주고 있다.

부록에 실린 글은 독일의 세계적 신학자, 몰트만(J. Moltmann)과 벨커(M. Welker)가 온신학의 특징을 설명하고 가치를 평가하고, 앞으로의 방향을 제시한 강연이다. 이 강연은 본인의 책『온신학』(Ohn Theology)이 독일에서 번역 출간된 것을 기념해서 2019

년 12월 8일 독일 슈투트가르트(Stuttgart)에 있는 독일 남부지방 한인교회에서 있었던 기념행사에서 행한 강연이다. 『온신학』은 2014년 한글과 영문으로 함께 출간되었는데, 이것이 2015년 독일의 세계적 신학잡지 『개신교 신학』(Evangelische Theologie)에 영문으로 된 전문이 게재되면서 세계에 알려지게 되었다. 연이어 『온신학』은 스페인어, 중국어, 러시아어, 헝가리어로 번역되었고, 2019년에 독일의 함부르크(Hamburg)대학교의 선교아카데미(Missionsakademie)가 독일어로 번역 출간했다. 온신학이 세계 신학의 심장부인 독일에서 번역된 것은 한국신학 역사에서 매우 획기적인 일이었다. 그런 까닭에 기념 예배와 강연회가 개최되었는데, 몰트만 교수와 벨커 교수가 강연한 것은 매우 뜻깊은 일이었다.

그런데 이 강연을 이해하기 위해서는 『온신학』을 독일어로 번역한 번역팀장이었던 안드레(Uta Andree) 박사가 역자 서문에서 온신학의 가치를 자세하게 평가했는데, 그 안에는 온신학이 마귀를 언급하고 마귀의 활동을 언급하고 있는 것에 대해서는 매우 부정적인 시각을 나타내었다. 또한 안드레 박사 뿐만 아니라 독일의 신학계에서는 온신학이 서구신학에 대해 비판적인 것에 불만이 깊었다. 몰트만 교수와 벨커 교수의 강연은 이 비판과 불만이 배경에 있다. 몰트만 교수의 강연은 안드레 박사의 온신학에 대한 비판이 잘못되었다는 의미가 강하고, 벨커 교수의 강연은 중립적인 시각에서 온신학이 가야할 길을 제시하고 있다. 이 강연을 이 책 『과학시대의 창조론』에 함께 싣는 이유는, 온신학이 왜 서구신학에 대해, 많은 긍정에도 불구하고 비판적이며, 마귀를 비롯한 영적 실재들과 성령의 초월적 역사에 대해 언급하는지를 『과학시대의 창조론』을 통해 징확히 알 수 있기 때문이다. 온신학은 독일 서남부 뷔

르템베르그(Würtemberg)의 목회자이자 신학자였던 블룸하르트(Blumhardt) 부자의 신학과 목회에 대해 긍정적이다. 아버지 블룸하르트 목사는 뫼틀링엔(Möttlingen)에서 목회할 때, 귀신들린 여인 고틀리빈(Gottliebin)에게서 기도로 귀신을 몰아내고 건강하게 한 기적을 경험했다. 뫼틀링엔에서 아버지 블룸하르트 목사는 정신과 의사와 함께 소리를 지르고 자해하고 피를 흘리고 거품을 품는 고틀리빈 앞에서 망연자실, 아무 것도 하지 못하고 절망하고 있었다. 누가 고틀리빈을 구원할 수 있을까? 의사도 목사도 아무 것도 할 수 없는 상황이었다. 이때부터 블룸하르트 목사는 기도하기 시작했고 이 힘든 싸움은 1년 반 이상 계속되었다. 마침내 거품을 품던 고틀리빈의 입에서 예수가 승리했다는 이상한 말이 나오고 난 후 회복된 고틀리빈은 평생 정상적으로 아버지 블룸하르트의 목회를 도와주는 귀한 조력자가 되었다. 블룸하르트의 '예수께서 승리자이시다! "(Jesus ist Sieger!)라는 표어는 마귀적 세계에 대한 그리스도의 승리를 언급하는 표현인데, 이 블룸하르트의 목회와 신학을 오늘의 유럽의 신학은 거의 계승하지 않고 있는 것으로 보인다. 마귀에 대한 언급 등이 어쩌면 옛 시대의 세계관을 반영한다고 평가하고 있기 때문일 가능성이 많다. 온신학은 신다윈주의 세계관에 물들어 있는 많은 서구신학에 대해 비판적이다. 그리고 그 비판적인 이유를 이 책『과학시대의 창조론』을 통해 알 수 있을 것이다. 온신학이 왜 오늘날의 서구신학이 거의 언급하지 않는 기도의 중요성을 언급하는 이유도 이 책을 통해 짐작할 수 있을 것이다.

오늘의 과학시대에 교회는 심각한 위기에 처해 있다. 선교의 위기도 심각하다. 이 책이 이 위기를 극복하는데 좋은 도움이 되길 바란다. 이 책에 실린 제1부와 제2부의 두 단원의 글은 모두 2018년과 2020년의 온신학 여름 집중 세미나에서 발표했던 학술 강연을 발전시킨 것이다. '창조와 진화'는 2018년에 강연했던 강연인데, 올해의 '보이는 세계와 보이지 않는 세계'의 강연을 준비하면서 수정의 필요성이 있어서 상당 부분 수정했고, 또 4개의 장을 새로 썼다. 그리고 제1부와 제2부의 두 개의 연구가 하나의 책으로 연결되도록 만들었다. 이 책이 오늘과 같은 과학시대에 창조론의 새로운 길을 여는 계기가 되길 바란다.

2020. 10. 9.

온신학회 창립 6주년을 기념하며,
서울, 온신학 아카데미 사무실에서

김 명 용

보이는 세계와 보이지 않는 세계를 창조하신 하나님

■

신다윈주의(Neo-Darwinism)의
물질주의적 축소주의
(materialistic reductionism)에 대한
온신학적 비판

보이는 세계와 보이지 않는 세계를 창조하신 하나님

– 신다윈주의(Neo-Darwinism)의 물질주의적 축소주의
(materialistic reductionism)1)에 대한 온신학적 비판 –

서언 – 시급히 극복되어야 할 물질주의적 축소주의

하나님은 보이는 세계와 보이지 않는 세계 모두를 창조하셨
다. "만물이 그에게서 창조되되 하늘과 땅에서 보이는 것들과 보

---

1) 'materialistic reductionism'을 '물질주의적 환원주의'로 번역하는 경우가 많이 있
으나, 일반인들이 이해하는 데 큰 어려움이 있다. 오직 물질만 있고, 물질 이외의 다
른 것을 제거한다는 의미를 분명히 드러내기 위해서는 '물질주의적 축소주의'로 번역
해야 의미가 더 정확히 전달될 수 있다. 모든 것을 물질로 환원시킨다는 의미이지만,
환원이라는 말이 갖는 다의적 특성 때문에(환원에는 원래 상태로 돌아간다는 의미가
강하게 있다. 이 경우는 '축소'(reduction)의 의미가 아니고 '원래의 자기 자리로 돌아
감'(return back)의 의미이다), 물질주의적 축소주의란 번역이 정확하게 전달되는 번
역이다.

이지 않는 것들과 혹은 왕권들이나 주권들이나 통치자들이나 권세들이나 만물이 다 그로 말미암고 그를 위하여 창조되었고"(골 1:16). 이 세상에는 보이는 것들만 있는 것이 아니다. 보이지 않는 것들도 매우 많이 있다. 인간의 자아나 의식이나 영혼은 보이지 않는다. 그러나 하나님은 인간의 자아나 의식이나 영혼을 창조하셨다. 인간의 의식이나 영혼은 단순한 뇌 속의 화학반응이나 전기반응이 아니다. 인간의 자아가 하나의 환상(illusion)에 불과하다는 진화주의적 인간 이해는 속히 수정되어야 한다. 물질이 세상에 존재하는 모든 것이라는 진화주의적 우주관 역시 매우 잘못된 우주관이다. 진화론 속에 존재하는 세상을 보는 물질주의적 축소주의 (materialistic reductionism)는 시급히 시정되어야 한다. 이 글은 신다윈주의(Neo-Darwinism)에 기초를 두고 있는 물질주의적 축소주의가 왜 오류인지를 밝히고, 우주와 세상과 인간에 대한 바른 이해를 얻게 하는 데 목적이 있다. 하나님은 보이는 세계와 보이지 않는 세계 모두를 창조하셨기 때문이다.

제1장 세상에는 물질만 있는 것일까?

– 세상의 모든 근원에는 원자가 있을 뿐이라는 주장의 한계 –

오랫동안 세상의 가장 작은 단위는 원자라고 생각했다. 즉, 세상은 원자들로 구성되어 있는데, 이 원자들이 합쳐져서 분자가 되고, 그 분자들이 합쳐져서 흙도 되고 바위도 되고, 나무도 되고, 동물도 되었다는 것이다. 원자는 물질이기 때문에 세상은 원자라는 가장 작은 단위의 물질에서부터 시작되었고, 이 물질들이 합쳐지면서 수많은 존재들이 생긴 것이다. 원자가 세상의 근원이기 때문에 세상은 물질로 구성되어 있다. 인간의 뇌도 헤아릴 수 없이 많은 물질로 구성되어 있는 어떤 것이다.

그런데 원자가 가장 작은 단위라고 생각했던 시절은 이제 지나간 것으로 보인다. 원자는 양성자와 중성자 및 전자로 구성되어 있다는 것이 알려졌고, 이 양성자와 중성자도 마지막 단위가 아니라는 것이 마침내 밝혀졌다. 오늘의 물리학은 쿼크(quark)라는 소립자를 발견했고, 이 쿼크도 하나가 아닌 6개의 다른 종류가 있다는 것을 알게 되었다. 또한 렙톤(lepton)이라는 소립자도 발견했는데 이 렙톤 역시 6개의 다른 종류가 있다는 것을 알게 되었다. 또한 신의 입자라는 별명을 가진 힉스 보손(Higgs boson)도 2012년에 발견했다. 이로서 세상이 13개의 소립자들로 구성되어 있다는 것을 알게 되었는데, 이 소립자 외에 4개의 힘이 있다는 것 역시 오래 전부터 알고 있었다. 이 4개의 힘은 중력과 전자기력, 강한 핵력과 약한 핵력이다. 그러므로 이 세상은 13개의 소립자와 4개의 힘으로 구성되어 있다.

그러면 13개의 소립자와 4개의 힘이 세상의 근원일까? 최근에 가파른 속도로 발전하고 있는 양자역학은 세상의 근원이 양자파동이라고 밝혔다. 이 양자파동은 질량도 없는 것인데 이 파동에서 소립자들이 생성되어 나온다는 것이다. 세상의 근원인 소립자들이 양자파동에서 나온다면 세상의 근원은 양자파동이다. 세상의 근원이 양자파동이라는 것이 서서히 드러나면서 무신론자들은 함성을 질렀다. 왜냐하면 신을 언급하지 않고서도 물질의 탄생을 언급할 수 있게 되었기 때문이다. 질량도 없는 양자파동이라는 무와 같은 곳에서 최초의 소립자들이 탄생하는 것은 신을 언급하지 않고, 세상의 근원을 언급할 수 있는 과학적 근거를 발견했다고 생각했기 때문이다.

그러나 오늘의 첨단의 세계의 물리학은 양자파동이 어떤 정보(information)에 의해 붕괴되고 새로운 소립자들이 탄생한다는 것을 알게 되었다. 양자파동의 뒤에는 의식과 정보가 있고, 그 정보에 따라 소립자들이 반응하고 세상을 만든 것 같다는 과학적 인식이 오늘날 매우 깊어가고 있다. 그렇다면 세상의 근원은 의식과 정보가 아닌가! 양자의 파동이 붕괴되면서 소립자들이 만들어진다면 그 소립자들은 양자파동 속에 존재하는 정보를 형상화시키고 구체화시킨 것들이 아닐까? 의식과 정보가 모든 실재(reality)의 근원이라는 관점은 양자역학의 아버지 막스 플랑크(Max Planck)가 주장한 것인데, 오늘날에 와서는 세계적으로 유명한 학자들인 폴 데이비스(Paul Davis), 도날드 호프만(Donald Hoffman), 헨리 스탭(Henry Stapp), 데이빗 찰머스(David Chalmers) 등의 학자들이 강력하게 수장하는 이론이다. 이들 이외에도 수많은 학자들이[2] 물질들과 자연법칙들의 근원이 의식과 정보라고 생각하고 있다. 그렇다면 세상은 의식과 정보에 의해 만들어졌다고 얘기해야 한다. 그렇다면 그 의식과 정보는 어디서 왔을까?

이 거대한 우주를 만든 정보는 그렇게 단순하지 않을 것이다. 엄청나게 복잡한 내용을 담고 있는 정보의 근원은 무엇일까? 오늘의 첨단의 물리학은 보이지 않는 세계에 부딪힌 것으로 보인다. 의식과 정보는 보이지 않는 세계의 영역인데, 그동안 보이거나 측정할 수 있는 물질의 세계인 입자들과 힘들을 관찰하고 연구했던 물리학은 전혀 다른 세계를 만나면서 큰 혼란에 빠진 것으로 보인다. 물리학의 종말을 얘기하는 사람도 있다. 왜냐하면 지금까지의 물리학의 영역이 아니었던 보이지 않는 세계를 연구해야 하기 때문이다.

일반적으로 정보는 의식 있는 어떤 존재를 통해 발현되는 것이 상례이다. 오늘의 첨단 물리학은 의식이 세상의 근원일 것으로 추론하고 있다. 그러면 세상을 만든 의식 있는 어떤 존재는 무엇일까? 세상의 근원이 정보이고 의식이라고 하는 오늘의 첨단 물리학은 유신론을 향한 길을 열고 있는 것으로 보인다. 물리학이 신학과 종교의 영역과 부딪혀 있는 것이다. 물론 무신론적 물리학자들은 다른 길을 찾기 위해 부단의 노력을 할 것이다. 그런데 우주를 형성시킨 모체(matrix)가 의식과 정보라면[3] 그 정보가 신에게서 왔다고 생각하는 것이 매우 자연스럽지 않을까? 영국의 유명한 성공

---

2) 토마스 네이글(Thomas Nagel)과 필립 고프(Philip Goff)도 뺄 수 없는 중요한 학자들이다.

3) 막스 플랑크(Max Planck)에 의하면 의식이 모든 실재의 모체(matrix)이다.

회 신학자 와드 케이스(Ward Keith)는[4] 이 의식과 정보가 하나님으로부터 왔다고 해석했다.[5] 모어랜드(J. P. Moreland) 역시 '의식으로부터의 신 논증'(Arguing God from Consciousness)이라는 제목 하의 로버트 쿤(Robert Laurence Kuhn)과의 인터뷰에서 양자역학의 발전으로 밝혀신 우주의 근원으로서의 의식과 정보는 신 논증으로 가는 길을 연다는 데 찬동했다.

---

4) 옥스퍼드(Oxford)대학교에서 가르친 교수로 과학과 종교 분야에 탁월한 업적을 남긴 학자이다.

5) Youtube, Closer to Truth에서 2020. 9.1. 쿤(Robert Laurence Kuhn)이 케이스 (Ward Keith)와 행한 인터뷰에서 언급한 케이스의 대답. Youtube, Closer to Truth 의 2020. 9. 13. 쿤과 인터뷰를 한 모어랜드 (J. P. Moreland)는 '의식으로부터의 신 논증'(Arguing God from Consciousness)에 대해 찬동했다. 모어랜드는 범정신 주의(Panpsychism)나 불교와 같은 다른 종교의 가능성이 있지만, 우주를 통일시키 는(unifying) 근원으로 신의 존제기 추론된다고 밝혔나. 모어랜느는 2014년 『영혼』 (The Soul) 이라는 책을 저술해서 주목을 받고 있는 신학자이다.

제2장 '물리학 역사에 가장 아름다운 실험'과 그 파장

I. 의식과 정보에 의한 양자파동의 붕괴와 소립자들의 탄생

1998년 2월 26일 네이처[6]지는 일명 '물리학 역사에 가장 아름다운 실험'을 보도했다. 이스라엘의 와이즈만(Weizmann Institute of Science) 과학원이 실험한 것인데, 핵심은 소립자들(전자들)이 관찰자에 의해 영향을 받는다는 것이었다. 양자는 파동의 성격을 갖고 있기 때문에 이중스릿(Double-slit)을 지나면 벽면에 많은 간섭무늬가 등장해야 하는데 관찰자(observer)가 관찰을 하면 입자로 변해서 간섭무늬가 나타나지 않는 현상이 나타난다. 그런데 이 와이즈만 과학원의 실험의 중요성은 관찰자에 의해 파동이 입자로 변하는데, 그 관찰자가 관찰장비(detector)로 볼 수 없다는 사실이었다. 양자파동에 변화를 일으키는 핵심적인 원인은 관찰장비가 아닌 관찰자의 의식이라는 사실이었다. 관찰장비가 영향을 주었다고 판단되는 경우도 실상은 관찰장비라기 보다는 그 관찰장비 뒤에 있는 관찰자의 의식에 의한 변화로 추론된다는 것이었다. 이 실험에 의하면 관찰하고자 하는 의식이 증가할수록 변화가 일어나는 영향이 더욱 커졌다. 심지어는 우연히 엿보는 사람의 영향도 나타났다.

관찰자의 의식에 의해 파동(wave)이 극적으로(dramatically) 입자(particle)로 변한다는 이 실험은 헤이블럼(Mordelhai Heiblum)

---

6) *Nature* vol. 391, 871-874.

교수와 동료 연구자들에 의해 연속적으로 실시되었고 결과는 같았다. 물론 이 실험의 결과를 이론적으로 예측한 학자들은 그 이전부터 많이 있었다. 그런데 그 이론이 너무나 명백하게 실험을 통해 확증된 것이었다. 이 실험은 정보의 전달을 위한 양자 컴퓨터의 발전을 위해 매우 중요한 것이지만, 동시에 양자파동에 변화를 일으키는 것이 의식이고 정보라는 것을 알리는 매우 중요한 실험이었다.

오랫동안 세상을 지배한 뉴턴(Newton)의 물리학은 객관적인 세계를 설명하는 매우 중요한 세계관이었다. 원자로 구성된 세계는 물질의 과학적 법칙에 의해 구성된 세계였다. 세상의 모든 것은 과학적 법칙으로 객관적으로 설명이 가능했다. 암에 걸린 환자는 과학적으로 그 생명을 예견할 수 있다고 생각했다. 물론 우리가 아직 정확히 모르는 것은 그 환자의 과학적 자료가 충분치 않기 때문이지, 기도해서, 신이 개입해서 생명을 살린다는 것 같은 얘기는, 구멍(gap) 메우기의 하나님을 생각하는 것으로 해서는 안 되는 일이었다. 집이 무너지거나 산사태가 일어나는 것도 마찬가지였다. 객관적 과학으로 모든 것을 설명해야지 초자연을 개입시키는 것은 해서는 안 되는 미신이었다. 사람이 병드는 것은 박테리아나 바이러스 같은 병원균에 의해 일어나는 것이지 마귀가 있고 이 마귀가 일으키는 병이라는 것은 이제는 더 이상 해서는 안 되는 원시적 세계관이었다. 계몽주의 시대 이후 본격적으로 세계를 지배한 과학적 세계관은 자연법칙에 근거한 뉴턴의 과학적 객관적 세계관이었다. 기독교 신학도 이 세계관에 굴복해서 성경적 세계관을 원시시대의 세계관으로 이해했고, 불트만(R. Bultmann)도 성경적 세계관의 비신화화(Entmythologisierung)를 역설했다.

그런데 1998년의 와이즈만 과학원의 실험은 뉴턴적 객관적 세계관을 붕괴시킬 수 있는 위력을 가진 실험이었다. 의식과 정보에 의해 양자파동이 영향을 받고 붕괴(collapse)되고 입자로 변한다면 인간의 의식과 정보에 의해 세상이 변할 수 있는 것이 아닐까? 양자역학의 거장 하이전베르크(Werner Karl Heisenberg)의 초청으로 한동안 독일의 막스 프랑크(Max Planck) 연구소에서 하이전베르크와 함께 연구한 바 있는 미국 버클리(UC Berkley)의 유명한 교수 헨리 스탭(Henry Stapp)은 우주의 근원은 의식이나 정신이고 물질세계는 이것이 표출된 양태나 구조라고 밝혔다.[7] 스탭에 의하면 모든 것은 물질이고 정신은 없다는 물질주의적 이해는 오류이다. 정보(information)는 물질도 에너지도 아니다. 그리고 이 정보를 전달하는(transfer) 물질적 기구도 없다. 그러나 이 정보에 의해 우주는 존재하고 있다.

그런데 와이즈만 과학원의 실험은 미시세계에서 일어나는 소립자들의 반응을 추적한 것뿐이지 거시세계는 의식과 정보에 의해 영향을 별로 받지 않는 것이 아닐까? 양자파동의 붕괴와 새로운 입자의 탄생은 미시세계에나 일어날 수 있는 것이고, 거시세계는 뉴턴의 과학적 법칙이 지배한다는, 두 세계를 나누는 관점이 상당 기간 있었지만, 오늘의 물리학은 이와같이 나누는 것에 대해 부정적인 방향으로 기울어진 것으로 보인다. 왜냐하면 두 개의 세계가 있을 수 없기 때문이다. 이 문제에 대한 매우 놀라운 연구가 최근에 이루어졌다. 미국 칼텍(Caltech)과 MIT에서 밝힌 새로운 연구에 의하면 양자 움직임이 인간과 유사한 크기의 물체들을

---

7) H. Stapp은 '정통적'(orthodox) 양자역학을 대변하는 인물이다. Stapp에 의하면 양자파동은 의식(consciousness)과 관계할 때만 붕괴한다. 그는 양자역학과 자유의지 (free will)와의 연관성을 강조했다.

매우 미세하게나마 움직이게 만든다는 충격적인 사실을 2020 년 7월 1일 대학 온라인(www. caltech.edu) 지면에 "양자 요동이 인간 크기의 물체들을 움직이게 할 수 있다"(Quantum Fluctuations Can 'Kick' Objects on the Human Scale)라는 제목으로 그 연구 과정과 결과를 자세히 밝혔다.[8] 와이즈만 과학원의 실험은 세상의 근원이 정보와 의식일 가능성을 열었고, 인간의 주관적 생각이 객관적 세계에까지 깊이 영향을 미치는 매우 중요한 요인이라는 것을 알려주는 실험이었는데, 이 영향이 미시세계에만 국한되지 않고 거시세계에도 영향을 미칠 것이라는 실험의 결과는 지금까지의 객관적 과학적 세계관의 근원이 흔들리는 심각성을 내포하고 있다. 영국 더함(Durham) 대학교의 학자, 필립 고프(Philip Goff)[9]는 2019년 『갈릴레오의 실수: 새로운 의식과학의 기초들』(Galileo' Error: Foundations for a new Science of Consciousness)을 출간하면서, 갈릴레오가 의식을 과학에서 제거한 것은 크나 큰 오류였다고 밝혔다. 왜냐하면 '모든 곳에 의식이 있기 때문이다'(Consciousness is everywhere).

---

8) https://www.ligo.caltech.edu/news/ligo (20200701).

9) P. Goff는 신다윈주의의 물질주의를 비판하는 학자이다. 그러나 그의 입장은 기독교 창조론이나 성령의 활동을 여는 관점은 아니다. 그의 관점은 범정신주의(panpsychism)이다. 그러나 그가 신다윈주의의 물질주의를 비판하는 관점은 매우 학술적으로 가치가 있다.

II. 우주적 정신(Cosmic Mind)이란 무엇일까?

오늘날 세계 첨단의 물리학은 세상의 근원이 물질인지 의식인지에 대한 심각한 토론 속에 있다. 이 토론은 양자역학의 새로운 발견이 과학 전체에 엄청난 영향을 미칠 가능성이 있기 때문에 그 결과는 매우 심각할 것이다. 물질보다 의식과 정보가 더 먼저 존재하고 있었다면, 그리고 물질이 이 의식과 정보에 의해 반응하면서 우주가 만들어졌다면, 물질의 근원에 있는 의식과 정보는 어디서 왔단 말인가?

양자역학이 발전하던 초기에 양자역학의 선구자 닐스 보어(Niels Henrik David Bohr)와 당시 최고의 과학자 알버트 아인슈타인(Albert Einstein) 사이에 큰 논쟁이 있었다. 그 논쟁은 달도 우리가 보지 않으면 존재하지 않느냐는 질문으로 요약될 수 있다. 아인슈타인에 의하면 달은 하늘에 객관적으로 떠 있는 존재이지 사람이 의식해서 보지 않으면 존재할 수 없다는 말은 도무지 성립될 수 없는 말이었다. 아인슈타인의 관점에서는 의식을 가진 관찰자가 없으면 그 어떤 것도 존재하지 않는다는 양자역학의 선구자들의 말은 한 마디로 허튼 소리였다. 의식이 있는 관찰자가 없으면 그 어떤 것도 존재할 수 없다면 달은 어떻게 존재할 수 있었단 말인가? 아인슈타인의 관점에서는 인간이 존재하지 않았던 시절에는 달이 없었다고 해야 하는데, 그것이 될 법이나 한 말이냐 라고 비판한 것이었다. 그럼 그때에는 개미가 달을 보고 있었기 때문에, 달이 하늘에 존재했다는 말인가?

아인슈타인과 보어의 논쟁은 뉴턴적인 객관적 과학을 초등학교에서부터 일생동안 배운 일반인들이 생각할 때는 아인슈타인의 말이 전적으로 맞을 것이다. 그러나 오늘의 크게 발전한 양자역학의 내용을 숙지하고 있는 오늘의 세계의 다수의 첨단의 물리학자들은 보어의 말이 맞다고 생각하고 있다. 그러면 사람이 존재하고 있지 않았을 때에는 달이 어떻게 존재했단 말인가? 개미가 달을 의식하면서 보고 있었기 때문인가?

오늘날 세계 첨단의 물리학자들과 양자역학의 철학적 함의를 깊이 알고 있는 학자들은 우주적 정신(Cosmic Mind)의 가능성을 탐구하기 시작했다. 우주적 정신이 먼저 존재하고 우주에 존재하는 모든 것이 생긴 것이 아닐까? 개미가 의식을 갖고 달을 관찰했기 때문에 달이 있는 것이 아니고, 우주적 정신이 달의 근원이 아닐까? 그러면 그 우주적 정신은 무엇일까?

세계 첨단의 과학이 우주적 정신의 가능성을 탐구하는 것은 매우 놀라운 일이다. 왜냐하면 지금까지의 과학은 물질 탐구에만 집중했지, 정신이나 의식의 가능성에 대해서는 매우 부정적이었기 때문이다. 심지어 인간의 정신이나 의식까지도 물질에 의해 발생(emerging)된 어떤 것으로 결국 물질에 지나지 않는다는 관점을 다수의 과학자들이 갖고 있었기 때문이다. 그런데 양자역학에 기초한 첨단의 과학이 우주의 근원으로서의 우주적 정신을 언급하고 이것을 탐구하기 시작한 것은 매우 놀랄 일이다. 그러면 그 우주적 정신은 무엇일까?

이 우주의 골격을 만들고 이 우주의 질서를 만들고 그 안에 존재하는 모든 것을 만든 우주적 정신은 하나님의 영이시다. 지구가 태양의 주위를 돌고, 달이 지구를 돌고 있는 이 놀라운 질서의 근원도 하나님의 영이시다. 중력 때문에 지구가 태양의 주위를 돈다고 생각한 사람들은 그 생각을 고쳐야 한다. 지구가 태양의 주위를 돌게 만드는 참된 힘은 하나님의 영의 힘이다. 중력이 무슨 가공할 능력과 지혜가 있어서 기가 막히게 정밀하게 지구가 태양의 주위를 돌게 만들 수 있을까? 그렇게 할 수 있다면 중력이 신일 것이다. 중력은 하나님의 영에 의해 반응하고 있는 도구에 불과한 것이다.

그런데 우주의 근원이 우주적 정신이라고 주장하는 학자들 가운데 끝까지 하나님의 존재에 대해 반대하고 싶은 사람들은 우주적 정신에서 범정신주의(panpsychism)를 최근에 발전시키고 있다.[10] 이 범정신주의는 동양의 종교나 모든 물체에 정령이 깃들어 있다는 원시 종교 등과 결합하면 기독교 창조론을 대치할 수 있는 또 하나의 도전이 될 수 있다. 그러나 이 범정신주의는, 의식은 고등생물에게서만 나타나는 현상이라는 전통적 다윈주의 생물학과 충돌하는 학문적 약점을 갖고 있기 때문에 성립하기가 쉽지 않다. 미국 버클리(Berkeley) 대학교의 세계적 학자 설(John Rogers Searle)에 의하면 의식은 고등생물의 특징이지 물이나 돌이나 암모니아 같은 것에 적용하는 것은 매우 어렵다.

그러면 양자 세계에서 파악되는 소립자들이 의식이나 정보들에 대해 어떻게 반응할 수 있을까? 그 소립자들이 의식이나 정보를

---

10) 토마스 네이글(Tomas Nagel)은 물질주의적 신다윈주의가 거의 확실히 거짓이라고 과학적으로 매우 깊이 있게 비판했다. 그는 신다윈주의의 한계를 넘어서는 매우 중요한 철학이 범정신주의(panpsychism)라고 밝혔다. 참고하라. T. Nagel, *Mind & Cosmos Why The Materialist Neo-Darwinian Concept of Nature is Almost Certainly False* (Oxford: Oxford University Press, 2012), 54-58. 네이글은 신다윈주의의 물질주의도 기독교의 이원론도 오류이고 참된 진실은 범정신주의에 있다고 역설하고 있다. 여기서 우리는 일원론적 사고가 범정신주의와 결탁하고 있음을 유념할 필요가 있다. John Hagelin은 의식의 깊은 차원은 우주적(universal) 차원을 갖고 있다고 주장하면서 요가나 동양종교의 명상을 통한 우주적 차원과의 일치에 대해 긍정적으로 생각하고 있다.

깨달을 수 있는 어떤 의식을 갖고 있기 때문이 아닐까? 이 문제에 대한 답은 소립자들이 의식을 갖고 있기 때문이라기 보다는 의식이나 정보에 반응할 수 있는 내적인 특성을 갖고 있기 때문이라고 보아야 할 것이다. 이것을 이해하기 위해서는 설의 유명한 '중국사람의 방'(Chinese room)의 예를 생각해 볼 필요가 있다.[11]

설에 의하면 중국사람의 방에 들어간 서양 사람들은 중국어로 쓰인 모든 것들의 내용을 절대 알 수 없다. 중국인들의 의식과 사상에 대해서는 전혀 알 수 없다. 그런데 간단한 영어로 된 물건 사용 안내서(manuel)를 발견하면 그는 중국사람의 방에서 적응해서 살아갈 수 있다. 안내서대로 반응하면 살 수 있는 것이다. 소립자들의 반응 역시 유사할 것으로 추론된다. 소립자들이 의식과 정보의 방대한 내용을 깨달아서 반응하는 것이 아니라, 매뉴얼에 따라 반응하고 있다고 보는 것이 바른 해석일 것이다. 이는 컴퓨터가 사람의 정보와 지시에 따라 반응하는 것을 생각하면, 이해하기 쉽다. 네덜란드의 학자 카스트럽(Bernardo Kastrup)은 스마트폰에서 우리가 사람의 얼굴을 보았다고 해서 스마트폰과 사람을 일치시키면 안 된다고 주장하면서 범정신주의를 비판했다. 우주적 정신의 문제는 범정신주의라는 원시종교적 현상으로 퇴행해서는 안 되고, 우주를 움직이시는 하나님의 영과 연결해서 이해하는 것이 바른 이해일 것이다.

인간의 긍정적인 사고가 성공과 많은 관계가 있고 심지어는 질병의 치유에 깊은 영향을 미친다는 상당수의 연구들은 그동안 비과학적일 수 있다는 비난을 많이 받았지만, 오늘의 양자역학의 새

---

11) J. P. Moreland, *The Soul* (Chicago: Moody Publishers, 2014), 88-89.

로운 발견은 이 가능성이 매우 과학적일 수 있다는 개연성을 넓게 열었다. 미국의 유명한 신경과학자이자 의사인 슈워츠(Jeffrey M. Schwartz)에 의하면 인간의 긍정적 의식은 대뇌 피질에 새로운 회로까지 만드는데 이는 강박의식 등 부정적인 사고를 하는 환자들을 치유하는데 매우 중요하다고 많은 실험을 통해 과학적으로 밝혔다. 슈워츠는 양자역학에 근거해서 양자 뇌의 가능성을 언급했다.[12] 슈워츠는 인간의 의지가 인간의 뇌를 변화시킨다는 것을 의학적으로 입증한 매우 중요한 공헌을 남겼다. 헨리 스탭에 의하면 인간의 뇌는 컴퓨터와 같다. 인간의 의식이 뇌에 정보를 만든다. 양자 붕괴에 의해 정보가 저장된다. 그리고 뇌 속에 회로가 만들어지고 정보가 저장된다. 슈워츠에 의하면 인간에게는 자아가 있고 의식이 있고 의지가 있다. 따라서 인간의 의식이 뇌의 화학적 전기적 반응의 결과일 뿐이라는 물질주의적 진화론적 이해는 잘못된 것이다. 인간의 의식이 뇌를 변화시키고 인간의 의지가 뇌를 변화시킨다. 인간에게는 자아가 있고, 자아가 갖고 있는 의식과 정보와 의지에 따라 뇌가 물질적으로 반응하는 것이다. 슈워츠는 양자역학의 발견이 뇌 과학에도 적용될 가능성이 있을 것으로 추론했다.[13]

---

12) Jeffrey M. Schwartz/Sharon Begley, *The Mind and The Brain* (NY: HarperCollins, 2002), 255-289.

13) 스티븐 호킹(Stephen W. Hawking)과 함께 울프상(Wolf Prize)을 수상하고, 올해 (2020) 노벨상을 받은 영국의 유명한 학자 펜로즈(Sir Roger Penrose)는 신다윈주의의 물질주의적 관점인, 뇌가 물리학 법칙에 따라 기계적으로 반응한다는 것에 강하게 반대했다. 펜로즈는 양자 뇌의 가능성을 언급했고, 이 가능성의 과학적 근거로, 현재 논쟁이 되고 있는 '단백질 기반의 미세소관' (protein-based microtubules) 이론을 주장했다. 펜로즈는 사람이 죽으면 이 '단백질 기반의 미세소관'을 통해 양자정보가 뇌에서 빠져나와 우주로 방출된다고 주장했다. 이 표현은 영혼이 뇌에서 빠져나가는 것을 생각게 한다.

Ⅲ. 우주와 생명체의 복잡한 정보의 근원이신 하나님

우주의 근원이 하나님의 영이고, 우주적 정신이고, 의식과 정보라면, 그리고 이 의식과 정보에 의해 물질 세계가 만들어졌다면 이 의식과 정보를 제외하고 우주의 역사나 생명의 역사를 언급하는 것은 치명적인 오류일 것이다. 이 치명적인 오류를 오늘날 가장 명확하게 지적한 사람은 스티븐 마이어(Stephen C. Meyer)이다. 마이어는 2009년 『세포속의 시그니처』(Signature in the Cell)와 2013년 뉴욕 타임지의 베스트 셀러(Bestseller)인 『다윈의 의문』 (Dawin's Doubt) 등의 책들을 연이어 출간하면서 무신론적 진화론의 결정적 오류인 '말할 수 없이 복잡한 정보'의 문제를 제기했다. 최초의 생명체인 단세포 박테리아도 상상할 수 없이 복잡한 정보를 갖고 있는데 이 정보가 우연히(random) 생길 가능성은 절대로 없다.[14]

미국의 세계적 나노(Nano) 과학자 제임스 투어(James M. Tour)는, 단백질 결합의 과정은 가장 간단한 것도 이 우주의 모든 가능성을 넘어서는 복잡성을 지닌다고 언급하면서 신다윈주의가 근원적으로 성립할 수 없음을 힘주어 강조했다.[15] 생명체의 소위 진화라고 하는 과정마다 나타나는 새로운 종의 탄생은 어마어마한 정보가 생명체에 주입되면서 가능해지는데, 이 어마어마한 정보는

---

14) 세계적으로 유명한 무신론자 안토니 플루(Antony Flew)가 죽기 전에, 오직 객관적 이성적으로만 판단했을 때, 신이 있다고 선언하게 된 것도 이 복잡한 정보에 관한 문제가 큰 영향을 미쳤다. 참고하라. A. Flew, There is A God (N. Y.: HarperOne, 2007).

15) James M. Tour, "We're Still Cluless about the Origin of Life", Discovery Institute (ed.), The Mystery of Life's Origin (Seatle: Discovery Institute Press, 2020), 342.

자연계에서 우연히 발생할 가능성은 없다. 브뤼셀(Brussel) 대학교의 페터 톰파(Peter Tompa)와 존 홉킨스(John Hopkins) 대학교의 조지 로우즈(George Rose)의 계산에 의하면, 단순한 세포 하나 속에 단백질 간의 바른 연결을 위한 조합은 10의 790억 승이나 된다. 다시 말하면 세포 하나 속의 단백질들이 우연히 연결되어 바르게 작동하는 조합이 될 확률은 10의 790억 승의 1밖에 되지 않는다.[16] 그것은 우연에 의한 물질 간의 조합에 의한 진화가 허구라는 것을 나타낸다.

생명체의 새로움은 그 전 단계에서 우연히 발생(emerging)한 것이 아니고, 창조주 하나님에 의한 새로운 정보의 주입과 이에 반응한 물질의 결과로 보는 것이 바른 판단일 것이다. 이 우주는 어마어마한 설계도에 의해 만들어져 있다. 이 설계도가 곧 정보이다. 인간을 구성하는 설계도 역시 어마어마한 정보가 그 뒤에 있다. 생명체에 이 엄청난 정보가 있다는 것은 오늘의 첨단 생물학의 발견이다. 분자 생물학이 발전하면서 생명체에 존재하는 엄청난 정보가 우연에 의해 형성되었을 가능성이 없다는 것을 세계의 생물학자들이 인식하기 시작했다.

2016년 세계 최고의 고생물학자 및 생물학자들이 모인 영국의 로얄 소사이어티(Royal Society)의 학술대회에서 개회강연을 한, 빈(Wien) 대학교의 고생물학자 뮐러(Gerd Müller)는 신다윈주의의 심각한 곤경을 언급했는데, 그 중의 첫째가 세포의 복잡성과 새로움의 정보의 출처가 신다윈주의 이론으로는 설명되지 않는다는 것이었다. 분자 생물학이 급속도로 발전하면서 신다윈주의는

---

16) *Ibid.*

정보의 출처를 언급하는 데 실패하면서 심각한 곤경에 빠진 것이다.

무엇이 세상을 만들었을까? 오늘의 첨단의 분자 생물학은 DNA나 RNA 및 단백질 속에 있는 정보가 그 근원이라는 것을 말하고 있다. 상상을 초월하는 복잡한 정보가 모두 생명체 속에 깊이 존재하고 있다. 오늘의 첨단의 양자역학은 양자파동을 붕괴시키는 정보와 의식이 우주를 만들었을 것으로 추론하기 시작했다. 세상의 근원에 대한 논의는 우주적 정신의 가능성에 대한 논의로 발전했다. 그런데 그 우주적 정신은 하나님의 영이 아닐까? 물론 우주적 정신을 하나님의 영이라고 일치시키는 것은, 신을 오랫동안 과학의 영역에서 추방한 과학자들로서는 쉬운 일이 아닐 것이다. 그런데 우주적 정신이 하나님의 영이라고 일치시키고 우주를 보면, 우주의 모든 것들이 매우 과학적으로 잘 설명되는 것은 또 어떻게 설명해야 할까?

그런데 우주의 근원이 의식이고 정보이고 하나님의 영이라고 했을 때, 그리고 이 하나님의 영으로부터 오는 정보에 의해 우주가 만들어지고, 생명체가 만들어졌다고 했을 때, 마귀가 주는 정보에 의해 세상에 혼돈과 비극이 올 가능성은 없을까? 계몽주의 시대 이후부터 과학은 영의 활동을 미신으로 규정하고 공적인 영역에서 추방했다. 그런데 오늘의 첨단의 양자역학은 추방된 영의 활동을 인식해야 하는 가능성을 열고 있다.

우주의 역사와 생명체의 역사는 물질로만 설명되는 역사가 아니다. 역사의 주이신 하나님을 언급해야 하고, 하나님의 영의 활동에 대한 깊은 이해가 있어야 한다. 그러나 동시에 마귀를 포함한 영들의 활동 역시 같이 이해해야 한다. 하나님에게서 오는 정보도 있겠지만 마귀로부터 오는 정보도 있을 것이다. 동시에 생명체가 스스로 만드는 정보도 있을 것이다. 사랑의 마음을 가지고 있는 인간은 사랑의 세계를 만들 것이지만 악한 마음을 가지 인간은 악의 세계를 만들 것이다. 계몽주의 시대 이후 서구의 신학이 마귀와 영의 세계를 계몽주의 이전의 신화적 세계관의 소산으로 믿고 제거한 것은 잘못한 일일 가능성이 많다. 믿는 자에게는 능치 못할 일이 없다는 예수님의 말씀 역시 오늘의 양자역학의 발견과 공명할 수 있는 어떤 영역이 있는 것으로 보인다. 그리고 성경이 언급하는 마귀와 영적인 존재도 객관적인 세계에 영향을 미치는 의식과 정보의 근원일 가능성이 깊다.

제3장 자아와 의식 및 영혼은 존재하는가?

I. 너의 뇌가 너 자신이라는 이론의 오류

오늘날 신다윈주의 진화론에 영향을 빋은 많은 학자들은 '너의 뇌가 너 자신이다'(You are your brain)라는 말을 서슴지 않고 말한다. 이는 '나는 생각한다 고로 나는 존재한다'(Cogito ergo sum)는 데까르뜨(René Descartes)의 명제를 뒤엎는 것으로, 보이지 않는 자아나 의식이나 영혼은 없다는 자신감을 표현한 말이다. 있는 것은 보이는 나의 몸과 나의 뇌일 뿐 그 밖에는 그 어떤 것도 존재하지 않는다는 말이다. 내가 가지고 있는 의식은 나의 뇌에서 발생한 어떤 것일 뿐이다.

창발(emergence)이라는 말은 오늘날 한국의 과학과 철학 및 신학에서 매우 오용되고 있는 말이다. 우선 창발이라는 용어에서 '창'이라는 말은 하나님의 창조를 연상시키는데 신다윈주의자들의 '이머전스'라는 개념 속에는 하나님의 창조라는 개념이 없다. 그것은 물질이 새로운 물질을 만들 때, 특히 과거에 존재하지 않았던 어떤 새로운 것이 등장할 때 쓰는 말이다. 예컨대 수소 둘(H_2)과 산소 하나(O)가 결합하면 물(H_2O)이 되는데, 이때의 물은 수소나 산소에서 발견할 수 없는 새로운 특성을 갖고 있다. 우주 진화의 과정 속에는 수없이 많은 새로운 것들이 출현하는데 그것들은 과거에 있었던 것들로는 상상이 되지 않는 새로운 것들이다. 신다윈주의자들은 이런 새로운 것들이 출현할 때 '이머전스'라는 용어를 쓰고 있다. 이때의 '이머전스'는 신의 창조와는 완전히 다른, 진화적 방식으로 오직 물질 간의 결합을 통한 새로운 것들의 출현을 의미한다. 용어의 정확성을 위하여, 위와 같은 신다윈주의자들의 '이머전스' 개념은 '창발'로 번역하면 안 되고, 의미하는 내용 그 대로 '새로운 것의 발현(발생)'으로 번역하는 것이 옳을 것이다.

신다윈주의 과학자들에 의하면 인간의 의식은 뇌에서 '발현'(emergence)한 것이다. 뇌의 화학적 전기적 반응에서 '발현'('이 머징')한 것이 인간의 의식일 뿐이다. 그러므로 인간의 자아나 의식 이나 영혼이 본질적으로 존재했다는 사고는 옛날 플라톤(Plato) 시 대나 플라톤의 그림자를 벗어나지 못하던 시대에나 하는 말이고, 오 늘의 첨단의 과학의 시대에는 그런 말을 해서는 안 된다. 세상에 존 재하는 모든 것은 물질이고 인간의 의식 역시 물질에서 '발현'('이머 징')해서, 수소 둘과 산소 하나가 결합해서 완전히 다른 물이 되듯이, 화학적 전기적 반응을 통해 특이한 의식이라는 것이 등장한 것이다.

그런데 위와 같은 신다윈주의 과학자들의 견해에는 심각한 문 제점들이 존재한다. 그 모순의 첫째는 모든 것이 물질이어야 하는 데 물질이 아닌 것이 너무 많은 것이다. 모든 것이 물질이어야 하는 데 의식은 물질이 아니다. 헤밍웨이(Ernest Miller Hemingway) 의 소설 『무기여 잘 있거라』(*A Farewell to Arms*)에 나오는 모 든 이야기는 물질이 아니다. 인간이 만든 철학, 신학, 소설, 시 등 은 모두 물질이 아니다. 신다윈주의 과학자들의 관점에 의하면 세 상에는 물질만 있어야 한다. 그런데 물질이 아닌 것이 너무 많은 것 이다.

더 심각한 문제점은 물질에서 물질이 아닌 의식이라는 것이 '발생'(이머징)할 수 있느냐는 데 있다. 신다윈주의의 진화론에서 새로운 것들이 '발현'(이머전스)했을 때, 그 새로운 것들은 언제나 물질이었다. 수소 둘과 산소 하나가 결합해서 물이 되었을 때, 물은 또 다른 물질이다. 즉, 새로운 물질이 탄생한 것이다. 그리고 또 중요한 것은 물을 분해하면 다시 수소 둘과 산소 하나로 나누어진다는 점이다. 새로 등장한 물질이 완전히 새로운 특성을 지닌다 해도, 그것은 물질이기 때문에 분해하면 원래의 것에 속하는 물질을 찾을 수 있다. 그런데 뇌라는 물질에서 의식이라는 비물질이 어떻게 탄생할 수 있었을까? 헤밍웨이의 소설 『무기여 잘 있거라』를 분해하면 물질이 나오는가? 김춘수의 시 '꽃'을 분해하면 어떤 물질이 나오는가?

수소 둘과 산소 하나가 결합해서 물이 되는 '발현'(이머전스)을 뇌와 의식, 뇌와 자아나 영혼의 문제에 연결하면 안 된다.[17] 여기에는 신다윈주의 과학자들의 오류와 속임수가 존재한다. 의식이나 자아나 영혼의 문제는 물질세계의 문제가 아니고, 자연과학을 넘어서는 보이지 않는 세계의 문제이다. 이 보이지 않는 세계는 보이는 세계와 함께 언제나 우리와 함께 있었다. 그것은 인류가 시작하면서 모든 인류가 경험하고 있었던 보편적 경험이었고, 보편적 세계였다. 신다윈주의자들이 이 보편적 경험이자 보편적 세계를 과학과 학문이라는 이름으로 강제로 추방하는 엄청난 오류를 범한 것이다.

인간에게 의식이나 자아 및 영혼이 물질적인 뇌와는 별개로 존재한다는 것을 암시하는 뇌과학적 실험이 캐나다의 세계적인 뇌과학자 펜필드(Wilder Penfield)에 의해 행해졌다. 펜필드에 의하면 인간의 뇌는 이제 거의 완벽하게 지도(mapping)가 만들어져

---

17) 이 연결의 불가능성을 토마스 네이글(Tomas Nagel)이 매우 명확히 밝혔다. 참고하라. T. Nagel, *Mind and Cosmos*, 41.

있다. 뇌의 각 부분이 어떤 일과 관련되어 있는지 뇌 과학자들은 거의 정확하게 알고 있다. 펜필드는 전기 자극을 이용해서 실험 대상이 되는 사람들의 손을 올리게 했다. 전기 자극을 주자 실험 대상의 사람들은 매우 자연스럽게 손을 올렸다. 그 일을 계속하는데 갑자기 전기 자극을 주어도 손을 올리지 않는 것이었다. 왜 손을 올리지 않는가를 물었을 때, 손을 올리기 싫다는 것이었다. 지금까지는 손을 잘 올리지 않았느냐고 물었을 때, 돌아 온 답은 나는 손을 올리지 않았다는 것이었다. 지금까지 당신이 내 손을 올린 것뿐이지 내가 올린 적이 없다는 것이었다. 매우 유사한 실험을 펜필드는 했는데 이번에는 입으로 소리를 내는 실험이었다. 이 실험 역시 결과는 같았다. 나는 말한 적이 없는데, 당신이 내 입에서 그 말을 끌어내었을 뿐이라는 답이었다. 펜필드는 이 실험에서 뇌가 아닌 자아가 독립적으로 존재한다고 추론했다.[18]

펜필드에 의하면 인간에게는 자아와 의식과 영혼이 뇌와는 구별된 상태로 존재한다. 물론 인간의 자아는 전통적인 용어로는 영혼이다. 펜필드에 의하면 인간의 뇌는 인간의 자아가 사용하는 컴퓨터와 매우 유사하다. 그래서 펜필드는 '뇌는 컴퓨터, 정신은 프로그래머'(Brain as Computer, Mind as Programmer)라는 항목을 만들고 그 이유를 자세히 설명했다.[19] 인간의 자아와 의식과 영혼이 뇌와 불가분의 관계에 있고 뇌의 영향을 깊이 받는다는 것을 펜필드가 반대하는 것은 아니다. 펜필드의 견해는 인간의 의식과 뇌는 불가분의 관계에 있고 상호 간에 깊은 영향을 미치고 있는

---

18) W. Penfield, *Mystery of the Mind* (Princeton: Princeton University Press, 1975), 75–76.

19) *Ibid*, 57–59.

것은 사실이지만, 그럼에도 불구하고 이 둘은 구별되는 실체라는 것이다.

　인간이 정보를 저장하는 것도 펜필드에 의하면 의식을 가진 자아가 하는 일이다. 눈과 귀 및 피부로 전달되는 모든 정보가 뇌에 저장되는 것은 아니다. 나라는 의식을 가진 영혼이 정보들을 뇌에 저장하고, 필요할 때는 그 정보들을 불러낸다. 쉽게 이해하기 위하여 수업시간의 상황을 생각해 보자. 수업시간에 참여하고 있는 학생들은 선생님의 강의를 모두 뇌 속에 저장하고 있는 것이 아니다. 엉뚱한 생각을 하는 학생은 선생님의 강의가 귀를 통해 뇌에 전달되어도 아무 것도 뇌에 저장하지 못한다. 의식적으로 집중하는 학생들이 그 강의를 뇌 속에 저장할 것이다. 신다윈주의 과학자들은 뇌가 의식과 정신을 만들고 나라는 자아를 만든다고 하는데, 실상은 반대라는 것이다. 펜필드에 의하면 나라는 자아는 내가 만든다. 뇌 안에 정보를 저장시킨 주체도 나이다. "무얼 배우고 무얼 저장할지는 (나의) 마음이 결정한다".[20] 인간에게 자유의지가 없다고 주장하는 신다윈주의 과학은 심각한 오류에 빠져 있다.

　펜필드에 의하면 인간의 자아와 의식과 영혼은 물질인 뇌에서 '발생'('이머징')한 것이 아니다. 이 둘은 인간이 탄생할 때 함께 탄생(born)했다.[21] 펜필드에 의하면 나이가 들면 인간의 기억력이나 여러 가지 기능이 쇠퇴한다. 그것은 인간의 뇌 기능이 쇠퇴하기 때문이다. 그러나 나이가 들수록 더욱 증가하는 기능이 있는데 그것은 인간의 판단력이다. 펜필드는 이것을 실험으로 확인했다. 펜필드에 의하면 인간의 결단과 자유의지는 인간의 영혼의 본질적인 기

---

20) *Ibid*, 86.

21) *Ibid*.

능이다. 인간의 마음과 정신과 영혼은 인생의 후반기에 더욱 정점으로 나아간다.[22] 펜필드의 이와같은 발견은 "우리의 겉사람은 날로 낡아지나 우리의 속사람은 날로 새로워지도다"(고후4:16)라고 언급한 바울의 언급과 많은 부분 공명하고 있다. 펜필드는 이와같은 자신의 과학적 발견은 어쩌면 영혼의 불멸을 위한 논의에 근거로 쓰일 수 있다고 생각했다.[23]

이미 거의 밝혀진 바, 인간의 뇌의 각 부분은 각각 독특한 기능을 갖고 있다. 그러나 모든 것을 취합해서 판단하는 곳이 뇌의 어느 부분인지는 아직 알지 못하고 있다. 뇌의 각 부분이 철저히 분해되고 해부되고 있는데도, 왜 전체를 모아서 판단하는 곳은 없는 것일까? 시각으로 보는 것, 청각으로 듣는 것, 촉각으로 느끼는 것, 이런 것들이 각자 독립적으로 움직이면 정신분열의 현상이 일어날 것이다. 이 모든 것을 모아서 전체를 파악하는 곳이 있어야 한다. 전쟁이 일어나면 각 지역에서 일어나는 일은 즉시 총사령관이 있는 본부로 정보가 전달될 것이다. 그러면 이 모든 정보를 총사령관이 취합하고 판단해서, 작전을 수립하고, 명령을 내릴 것이다. 인간의 뇌도 마찬가지일 것이다. 뇌의 각 곳의 정보는 전체를 판단하는 곳으로 빨리 정보가 전달되어야 한다. 그런데 그 정보들이 어디로 가는지 우리는 모른다. 그리고 어디에서 새로운 행동을 위한 명령이 내려오는지 모른다.

그 모든 정보들이 자아라고 하는 인간의 영혼으로 가는 것이 아닐까? 자아와 의식과 영혼은 눈에 보이지 않고, 전기반응의 영역도 아니기 때문에 모든 정보가 전달되고 있어도 지금까지의 우리의

---

22) *Ibid*, 87.

23) *Ibid*.

물질적 자연과학의 탐구방법으로는 탐구하지 못하고 있는 것이 아닐까? 오늘의 정보와 물질과의 관계를 해명한 양자역학이 이 문제를 해명할 수 있는 어떤 빛을 던져주는 것이 아닐까?

II. 뇌 분리(split-brain) 실험이 갖는 철학적 신학적 함의

인간에게는 좌뇌가 있고 우뇌가 있다. 그리고 좌뇌와 우뇌 사이는 뇌량이 있는데, 이곳은 좌뇌와 우뇌를 연결하는 신경다발이 존재한다. 그런데 만일 이 좌뇌와 우뇌를 분리시키면 어떻게 될까? 좌뇌와 우뇌를 연결시키는 신경다발을 잘라서 좌뇌와 우뇌가 분리되면 인간은 의식을 잃고 죽게 될까? 아니면 횡설수설하는 이상한 인간이 될까? 아니면 뇌가 두 개이기 때문에 의식도 두 개가 생겨서 육체는 하나인데 인격이 두 개인 이상한 현상이 일어날까? 아니면 뇌량이 잘린 상태에도 여전히 별 차이가 없이 하나의 의식과 인격을 가진 정상적인 사람으로 존재할까?

뇌를 분리하는 것은 상상하기도 쉽지 않은 일이다. 그런데 뇌를 분리하는 실험이 실행되었다. 심한 간질병 환자의 경우에는 환자의 생명을 살리기 위해서 뇌를 분리해야 하는 경우가 있다. 좌뇌에서 간질병이 시작되었을 때 이 요동치는 현상이 우뇌에까지 그대로 전달되면 환자는 경우에 따라서는 생명을 잃을 수 있는 상태에까지 이르는 위급한 상황이 된다. 이 위급함을 극복하기 위해 좌뇌와 우뇌를 연결하는 뇌량의 신경다발을 잘라야 한다. 이 신경다발을 자르면 약간의 요동만 있다가 환자가 살아날 수 있다. 좌뇌와 우뇌를 분리하는 실험은 이 경우에 이루어질 수 있다.

좌뇌와 우뇌를 분리하는 실험이 뇌 과학 연구로 노벨상을 받은 로저 스페리(Roger Sperry)에 의해 실시되었다. 이 실험에서 스페리는 좌뇌와 우뇌의 기능의 차이를 많이 발견했다. 그런데 철학적으로나 신학적으로 매우 중요한 발견은 좌뇌와 우뇌가 분리된 환자에게 왼쪽 눈을 감게 하고 오른쪽 눈으로 물체를 보게 하고, 그 물체를 왼쪽 손으로 집으라고 말했을 때, 환자는 그 물체를 왼손으로 집지 못하는 것이었다. 오른쪽으로 본 것은 오른손으로만 반응이 가능함을 발견했다. 이 실험은 뇌 분리가 되었을 때 오른쪽 뇌의 정보가 왼쪽 뇌로 전달되지 못함을 나타내었다.

스페리는 이런 실험을 하면서 뇌 분리가 일어나면 인간은 의식이 두 개가 존재한다고 주장했다. 유사한 실험에서 스페리는 뇌 분리된 환자가 왼손으로 지퍼를 올리는데 오른손으로는 지퍼를 내리는 현상도 발견했다. 이런 실험을 하면서 스페리는 뇌 분리가 일어나면 사람의 의식은 두 개가 된다고 결론을 내렸다.

좌뇌와 우뇌가 분리되었을 때 인간의 의식이 두 개가 된다면, 이는 자아가 둘이 된다는 의미이고, 신학적으로는 영혼이 둘이 될 수 있다는 의미로 발전될 수 있다. 그런 까닭에 스페리의 실험이 갖는 철학적 신학적 함의는 심각한 것이었다. 스페리의 실험은 결국 인간의 의식은 뇌에서 발생하는 것이라는, 진화론적 물질주의적 관점을 강하게 뒷받침하는 실험으로 평가될 수 있고, 또한 많은 무신론적 진화론자들이 기독교의 창조론자들을 공격하는 매우 강력한 무기로 사용될 수 있었다.

스페리의 뇌 과학자로서의 권위와 그의 실험이 갖는 의미의 중요성 때문에, 철학자들이나 신학자들까지도 인간의 의식은 뇌에서 '발생'(이머징)하는 것으로 보아야 한다는 관점을 많이 받아들였

다. 이 스페리의 실험과 그 실험이 갖는 철학적 신학적 함의를 받아
들이면 전통적인 기독교 인간론의 영혼과 육체로 구성된 인간이라
는 이원론적 관점은 그 터전을 상실하게 된다. 오늘날 철학이나 신
학에서 유행하는 일원론적 인간론의 정점에는 이 스페리의 실험이
존재하고 있다.

그런데 2017년 옥스퍼드 대학교 출판부(Oxford University
Press)는 오랫동안 정설로 자리잡았던 로저 스페리의 이론을 뒤집
는 충격의 연구 결과를 발표했다. 이 충격의 연구는 네덜란드의 암
스테르담 대학교의 야일 핀토(Yair Pinto) 교수팀에 의해 행해진
실험인데[24], 좌뇌와 우뇌가 분리되어도 의식은 하나라는 것이었다.
이 연구는 "인식은 분리되어도, 의식은 분리되지 않는다"(Divided
Perception, Undivided Consciousness)라는 표제로 세상에 알
려지게 되었다. 이 실험은 노벨상 수상자 로저 스페리가 발표한, 뇌
량이 끊어진 사람은 왼손이 지퍼를 여는데 오른손이 지퍼를 닫는
경우도 있고, 이를 근거로 뇌 속에 자신의 정체성(Identity)을 의미
하는 이름표(tag)가 있을 것이라는 가설을 발표하고, 뇌가 나라고(I
am my brain) 생각했던 그 모든 과학적 철학적 함의를 완전히 뒤
엎는 것이었다.

핀토 교수팀은 뇌량을 절단한 수많은 간질병 환자들을 관찰하
고 실험하면서, 비록 인식(perception) 과정에는 분리되는 현상이
있지만 하나의 통일된 의식, 하나의 통일된 자아가 있다는 것을 정
확히 확인했다. 두 개의 의식이 있다는 스페리의 발표가 잘못된 것

---

24) Yair Pinto, Edward H F de Haan, Victor A F Lamme, "The split-brain
   phenomenon revisited: a single conscious agent with split perception", in:
   Trends in cognitive science 21(11), 835-837, 2017.

이라는 점을 연속된 실험으로 밝혔다. 뇌량을 절단한 환자들도 거의 모든 일에 일반인과 차이가 없이 정상적으로 활동한다는 것도 수많은 경우를 확인해서 밝혔다. 책을 읽고 계산을 하고, 걷고, 토론하는데 두 개의 의식이 있는 것이 아니라 하나의 의식만 있는 것이다. 심지어는 운전을 하는데도 큰 불편이 없었다. 핀토 교수팀은 스페리의 발표를 다시 검증해야 한다고 밝혔다.

좌뇌와 우뇌가 분리되었는데도 왜 의식은 하나일까? 뇌에서 의식이 발생한다면 스페리가 발표한 것처럼 두 개의 의식이 있어야 할 것이다. 그런데 인간에게 뇌와 구별되는 의식이 별도로 존재한다면 좌뇌와 우뇌가 분리되어도 하나의 의식으로 존재할 것이다. 물론 뇌량 절단에서 오는 약간의 불편함은 있을 것이다. 그런데 완벽하게 하나의 의식이 있고, 하나의 자아가 있다면, 이미 펜필드가 언급한 것처럼, 인간의 뇌는 프로그래머(자아)가 사용하는 컴퓨터와 유사하고, 인간이 태어날 때, 뇌와 함께 자아, 곧 영혼이 함께 탄생한다는 관점이 진실에 가깝다고 해야 할 것이다.

Ⅲ. 영혼과 보이지 않는 실재에 대한 성경적 이해

A. 사람이 죽으면 영혼도 없어지는 것일까?

오스카 쿨만(Osca Cullmann)의 유명한 논문 "영혼 불멸이냐 죽은 자의 부활이냐?"(Unsterblichkeit der Seele oder Auferstehung der Toten?)는 20세기 중엽부터 오늘에 이르기까지 죽은 자의 문제에 대한 매우 중요한 논문이다. 이 논문에서 쿨만은 사도들이 전한 복음은 헬라철학의 영혼불멸론이 아니고, 죽은 자의 부활임을 역설했다. 이 논문은 영혼의 불멸에 관한 주장은 성경적 주장이 아니고, 헬라의 철학에서 기인된 이교적인 것인데, 이것이 기독교 교리로 자리잡으면서, 그리스도인들이 죽은 자의 부활이라는 복음의 핵심 대신에 영혼의 불멸을 믿게 되었나고 상력하게 주장했다. 쿨만은 죽은 자들은 그리스도 안에 잠들어 있다가 마지막 날에 부활할 것이라고 주장했다.

그런데 쿨만의 주장이 정말 옳을까? 쿨만이 성경학자임에도 불구하고 성경을 잘못해석 해서 성경과는 다른 주장을 하고 있는 것이 아닐까? 쿨만이 언급한대로 복음의 핵심이 죽은 자의 부활임은 틀림없지만, 성경이 정말 쿨만처럼 영혼의 불멸과 죽은 자의 부활을 극단적 대립관계로 언급하고 있을까? 헬라 철학과 완전히 일치하지는 않지만 헬라철학과 다른 개념의 영혼 개념이 성경에 존재하고 있는 것이 아닐까? 육체와는 구분되고, 죽음에서 육체를 떠나는 인간 존재를 의미하는 대명사로서의 영혼 개념이 성경에 깊이 존재하고 있는 것이 아닐까? 헬라철학의 신적인 불멸의 영혼 개념이 아닌 하나님에 의해 창조되고 하나님이 멸하실 수 있는(마 10:33), 그럼에도 불구하고 죽음 이후에도 존속하는 '나'라는 존재를 지칭하는 대명사적인 기능을 가진 영혼 개념이 성경 속에 본질적으로 존재하고 있는 것이 아닐까? 스올(신약에서는 하데스)이나 천국에 있는 영혼은 '나'라는 존재를 지칭하는 대명사가 아닐까?

부자와 나사로의 비유에서 하데스에서 고생하는 부자는 쿨만이 주장하는 것처럼 잠들어 있는 상태가 아니다. 사도 바울 역시 죽어서 그리스도와 함께 있고 싶다고 했을 때, 그 욕망은 잠들어 있는 상태가 아니다. 예수께서 우편 강도에게 "네가 오늘 나와 함께 낙원에 있을 것이다"(눅23:43)라고 말씀하셨을 때 그 의미는 우편 강도가 낙원에서 그리스도와 함께 사는 삶을 의미할 것이다. 그러면 강도의 무엇이 그리스도와 함께 낙원에 있단 말인가?

성경의 세계관은 죽음에서 나라는 존재가 나의 육체를 떠나는 것을 당연시하고 있는 것으로 보인다. 부자는 죽어서 하데스로 가고, 우편 강도는 죽어 낙원으로 갔을 것이다. 사도 바울 역시 죽어 그리스도께서 계시는 곳으로 갔을 것이다. 무덤에서 잠들어 있다는 쿨만의 주장은 오류이다. 하나님의 기억 외에는(무덤 속에 있는 것은 무덤이 없어지면 아무 것도 남아 있지 않다) 아무 것도 남아 있는 것이 없는 상태가 아니다. 하나님의 생명책에 나의 이름만 기록되어 있고 부활 때에 깨어나는 것이 아니다. 그럼 마지막 날 부활하기 이전까지 나는 어디에 있단 말인가? 나는 없어지고 내 이름만 생명책에 기록되어 있는 것뿐일 것이다. 이와같은 사상은 성경의 사상이 아니다. 나는 죽음 이후에도 계속 존재하고 있다. 성경의 영혼 개념은 바로 이 죽음 이후에도 존재하는 나라는 존재와 관련되어 있다. 이 영혼이라는 나의 진정한 본질은, 악한 세상의 임금이 나의 육체는 죽여도 결코 죽일 수 없다.

한스 발터 볼프(Hans Walter Wolff)의 『구약성경의 인간학』(Anthropologie des Alten Testaments, 영문판 Anthropology of Old Testament, 1974)은 구약성경이 일원론적 인간론을 가르치고 있다고 주장한, 세계적으로 매우 크게 영향을 미친 저술이었다. 구약성경에서 영혼으로 많이 번역되어 나오는 '네페쉬'(nephesh)는 헬라철학적 의미의 영혼이 아니고, 대체로 호흡, 숨의 의미를 지니는 단어라는 것이었다. '루아흐'(ruach) 역시 볼프에 의하면 인간의 영이나 영혼이 아니고 호흡의 의미가 본질적이다. 창2:7의 코에 생기를 불어넣었다고 번역된 생기 곧, '느샤마'(neschamah')역시 '루아흐'와 유사한 의미의 단어로 호흡의 의미라는 것이었다. 이것을 영혼을 불어넣었다고 해석해서 이원론적 인간론을 만든 것이 전통적 기독교 교리의 서내한 오류이다. 이 거대한 오류에서 이원론적 인간론이 탄생했는데 구약성경은 이런 류의 이원론적 인간론에 대해서는 대단히 낯설다고 볼프는 주장했다. 구약성경은 일원론적 인간론을 갖고 있기 때문에, 성경에 근거한 신학과 교리는 일원론적 인간론이어야 한다. 볼프는 오늘날 신학계에서 유행하고 있는 일원론적 인간론을 형성시키는데 크게 영향을 끼친 인물이었다.

그런데 2014년 『영혼』(The Soul)이라는 책을 저술해서 출간한 모어랜드(J. P. Moreland)에 의하면 볼프는 성경을 본문이 언급하는 것을 그대로 듣고 주석한 것이 아니고, 자신이 생각하는 것을 구약성경 본문에 집어넣어 구약성경 본문이 그렇게 말한다고 언급한 심각한 오류를 범했다고 비판했다.[25] 즉, 오늘의 진화론적 과학적 분위기에서 과학자들이 인간에 대해 얘기하는 것을 객관적 진리로 받아들이고, 유대주의적 인간 이해가 이 과학적 인간 이해와 공명하고 있음을 언급하면서 구약성경을 헬라적 이원론에서 구출하고자 한 것이 그의 의도라고 본 것이다. 모어랜드의 이 비판은 자세한 논의가 필요한 일면적인 비판일 수 있을 것이다. 그러나 모

---

25) J. P. Moreland, The Soul (Chicago: Moody Publisher, 2014), 48. 모어랜드는 볼프의 해석이 'exegesis'가 아니고 'eisegesis'라고 밝혔다. 모어랜드에 따르면 창 2:7의 생기 곧 '느샤마'는 몸에서 '발생'(emerging)한 것이 아니고, 하나님께서 넣어주신 것이다. 인간의 의식이나 자아가 몸(혹은 뇌)에서 '발생'한다는 사상은 모어렌드에 의하면 성경 어디에도 없다.

어랜드의 비판이 갖는 중요성도 있다. 모어랜드에 의하면 '네페쉬' 는 영혼으로 번역하는 것이 옳다. 그리고 이 '네페쉬' 는 죽음 이후에도 존속한다. 그것은 볼프가 해석한 것처럼 단순히 호흡이나 숨이 아니다.

모어랜드에 의하면 '네페쉬' 는 생명의 실체이고 의식의 근거이며 나라는 존재의 인격적 정체성(identity)을 의미하고, 죽음 이후에도 존속한다.[26] "이는 내 영혼을 음부에 버리지 아니하시며"(시 16:10). 이 시편 본문에서 '네페쉬' 가 호흡이라면 호흡을 음부에 버린다는 표현은 매우 이상하다. '네페쉬' 가 나의 인격적 정체성을 의미하는 영혼일[27] 때는 이 본문이 매우 자연스럽게 이해된다. "여호와여 주께서 내 영혼을 음부에서 끌어와서"(시30:3), "내 영혼을 음부의 권세에서 구원하리니"(시49:5), "내 영혼을 깊은 스올에서 건지셨나이다"(시86:13). 위의 시편의 본문들 모두 '네페쉬' 를 호흡으로 번역하면 너무 이상하고, 의미가 전혀 전달되지 않는다. 눅 16:19-31의 부자와 거지 나사로의 비유는 '음부' (스올)에 존재하는 인간의 상태를 이해하는 데 도움을 준다. 구약의 '음부' (스올) 은 신약의 헬라어에서는 '음부' (하데스)이다. '음부' (하데스)에서 고통하는 존재는 부자 자신이다. 사람이 죽으면 그의 존재가 하나님의 기억 속에만 남아 있는 것이 아니고, 죽은 자의 세계인 '음부' 로 가는 것이다. 비록 눅16:19-31이 신약시대의 세계관을 반영하

---

26) *Ibid.*, 45-46.

27) '네페쉬'를 생명이라는 의미로 쓸 경우에도 '나'라는 자아를 표현하는 독립된 실체로 이해해야 한다. 나의 '네페쉬'를 음부에 버린다는 의미는 단순히 생명(호흡)이 끝나고 죽는다는 의미가 아니고, 내 '자아'(네페쉬)가 음부로 내려간다는 의미이다. 이 경우는 전통적 의미의 '영혼'과 유사하다. 구약시대의 관점에 의하면 죽은 조상들은 음부에 있다.

고 있는 것이지만, 구약시대의 '음부'에 대한 이해에 상당한 도움을 준다.

모어랜드에 의하면 구약성경을 번역한 『70인 역』(Septuagint)에서 '네페쉬'가 영혼을 의미하는 헬라어 '프쉬케'(psuche)로 번역된 것은 매우 중요하다. 볼프나 오늘의 신화론적 과학의 시각에서 성경을 보는 사람의 관점과 일치하려면, 생명이라는 의미의 '비오스'(bios)로 번역되어야 한다.[28] 라이트(N. T. Wright)에 의하면 중간기 시대에는 두 개의 세계관이 충돌하고 있었는데 영혼이 있고 영들이 있고 부활이 있다고 하는 바리새파 사람들의 관점과 영들도 없고 부활도 없다고 하는 사두개파 사람들의 관점이었다.[29] 예수님은 이 점에 있어서는 명확히 바리새파 사람들의 관점을 갖고 있었다(참고, 마22:23-33).

B. 영혼과 영적 존재 및 보이지 않는 실재에 대한 성경의 가르침

예수님께는 영혼도 있고, 내세도 있고, 부활도 있다. 예수님께서는 오늘날 신학계에까지 유행하는 일원론적 세계관을 갖고 있지 않았다. 이는 복음서 기자들의 세계관도 마찬가지인 것으로 보인다. "몸은 죽여도 영혼은 능히 죽이지 못하는 자들을 두려워 하지 말고 오직 몸과 영혼을 능히 지옥에 멸할 수 있는 이를 두려워 하라"(마10:38). 예수님께 있어서 영혼(psuche)은

---

28) *Ibid.*, 48.

29) *Ibid.*, 54.

몸과 구별되는 실재이다.[30] 세상의 임금들이 인간의 몸은 죽일 수 있어도 영혼은 결코 죽일 수 없다. 예수님에 의하면 인간 안에는 세상의 임금들이 죽일 수 없는 실재가 있다. 그 실재가 때로는 '프쉬케'(psuche)로, 때로는 '프뉴마'(pneuma)로 성경에 표현되고 있다. "예수께서 큰 소리로 불러 이르시되 아버지여 내 영혼(pneuma)을 아버지 손에 부탁하나이다"(눅23:46). "예수께서 다시 크게 소리지르고 영혼(pneuma)이 떠나시니라"(마27:50). 이 경우 영혼(프뉴마)은 예수님의 육체와 함께 죽음의 고난을 함께 겪은 후에, 예수님의 육체를 떠나는 실재로 보인다.

바울이 빌립보서에서 "세상을 떠나서 그리스도와 함께"(빌1:23) 있고 싶다는 욕망을 언급하면서, 그러나 "육신으로 있는 것이 너희를 위하여 더 유익하다"(빌1:24)고 한 말 역시 육신을 떠나는 영혼을 상상하고 있는 것으로 보인다. 구약성경이나 중간기의 유대주의나 예수님이나 바울에게 이르기까지, 일원론적 인간이해나 육신과 함께 영혼도 죽음을 맞이한다고 보는, 오늘의 진화주의적 과학에 경도된 신학의 인간이해는 존재하지 않는다. 뇌과학자 펜필드가 언급한 것처럼, 인간의 영혼은 육체와 함께 탄생(born)하고, 이 인간의 영혼 속에 인간의 정체성이 내재하고 있고, 죽음에

---

30) 죽음 이후에 영혼이 존재한다고 해서 헬라 철학의 영혼불멸론과 일치시키면 안 된다. 성경적 영혼 개념은 출생할 때에 탄생하는 것이다. 이데아의 세계에 있던 영혼이 몸을 입는 것이 아니다. 그리고 죽음 이후에도 영혼이 존재한다고 해서, 헬라적 개념으로 신적인 불멸의 영혼이라고 이해하면 안 된다. 성경적 영혼 개념은 육체와는 구별되는, '나' 라는 존재인 '자아' 의 대명사이다. 이 '자아' 가 죽음 이후에도 존재한다는 의미이다. 이 '자아' 가 하나님의 심판이나 구원의 대상이다. 이 '자아' 는 지옥에 멸해질 수도 있고(마10:38), 하늘나라에서 영광의 옷(하늘의 몸/영의 몸)을 입고 영광스럽게 살 수도 있다(고후5:1-4). 바울이 언급하는 "우리의 처소를 덧입기를 간절히 사모하노라" (고후5:2)는 표현에는 죽음 이후에 존재하는 영혼(자아)이 전제되어 있다. 바울은 우리의 영혼이 육체 없이 벌거벗은(고후5:3) 상태로 있는 것이 아니고, 하늘의 육체를 덧입는다는 소망을 전하고 있다.

서 육체를 떠난다고 보는 것이, 성경이 언급하는 영혼에 대한 관점과 연결되는 것으로 보인다.

　오늘의 진화론적 과학은 영혼의 실재에 대해서도 부정적이고, 물질의 세계 이외의 모든 보이지 않는 실재를 비과학적이라고 거부한다. 그리고 이 진화론적 과학에 영향을 받은 신학과 철학 역시 눈에 보이는 세계만을 신학적으로 혹은 철학적으로 해석하려 한다. 그러나 성경은 눈에 보이는 세계 이상으로, 보이지 않는 세계가 있음을 힘주어 강조하고 있고, 이를 우리의 세계관의 중심에 둘 것을 권고하고 있다. "끝으로 너희가 주 안에서와 그 힘의 능력으로 강건하여지고 마귀의 간계를 능히 대적하기 위하여 하나님의 전신 갑주를 입으라. 우리의 씨름은 혈과 육을 상대하는 것이 아니요, 통치자들과 권세들과 이 어둠의 세상 주관자들과 하늘에 있는 악의 영들을 상대함이라"(엡6:10-12). 하나님은 보이는 세계 뿐만 아니라 보이지 않는 세계도 창조하셨다. 그런 까닭에 보이는 세계만 언급하는 신학은 온전한 신학이 아니다. 온전한 신학은 보이지 않는 세계에 대해서도 깊은 이해가 있어야 하고, 이 보이지 않는 세계와 보이는 세계와의 관련성에 대한 깊은 이해를 전하는 신학일 것이다.

결언

    오늘날 세계에 엄청난 영향을 미치고 있는 신다윈주의의 물질주의는 엄청난 오류 속에 있다. 그 오류의 핵심은 보이지 않는 세계에 대한 엄청난 무지이다. 이 무지 때문에 인간의 의식과 자아까지도 환각 내지는 환상으로 이해하려는 극단적인 무식이 등장했다. 이 무식은 세상이 정보로 구성되어 있다는 과학적 발견으로 그 어리석음이 드러나고 있다. 이스라엘 와이즈만 과학원의 의식과 정보에 의해 양자파동이 붕괴되고 소립자들이 탄생한다는 발견은, 과거의 신다윈주의적 물질주의적 세계관의 붕괴를 가져오고 있고, 물질 배후의 정보와 의식에 대한 새로운 토론의 길을 열었다. 이 토론은 우주적 정신에 대한 논의로 발전하고 있는데, 이 우주적 정신은 하나님의 영으로 이해하는 것이 가장 현명한 이해일 것이다.

    하나님은 보이는 세계와 보이지 않는 세계를 창조하셨다. 하나님으로부터 오는 정보와 능력 이 우주의 근원이다. 최근에 상당수의 과학자들이 우주 속에 존재하는 복잡한 정보의 출처가 신으로부터 왔을 것으로 추론하는 것은 매우 바른 추론으로 보인다. 오늘의 양자역학과 뇌과학 및 분자 생물학은 보이지 않는 세계의 경계에 도달한 것으로 보인다. 많은 학자들이 이 경계에서 범정신주의를 비롯한 잘못된 길로 가기도 하지만, 이 경계에서 일어나는 과학적 혼란을 극복하는 바른 길은 창조주 하나님을 인식하는 길일 것이다. 하나님이 계시고, 영적 존재들도 있고, 의식도 있고, 자아도 있고 영혼도 있다. 인간의 영혼이 눈에 보이지 않는다고 해서 없는 것이 아니다. 인간의 자아와 의식과 영혼은 존재하고 있고, 하나님에 의해 창조된 것이고, 인류의 문명을 발선시키고 놀라운 오늘의 세계를 만든 주체이다. 문학, 신학, 철학, 종교, 정치학, 경제학, 음악, 미술, 스포츠, 연극 등 모든 것은 영혼이 만든 것이다. 무신론 역시 영혼이 만든 것이다. 그것은 물질에 의해 발생된 것이 아니다. 오늘날 세상에 널리 퍼져 있는 인공지능(AI)에 대한 환상은 많이 수정해야 한다. 왜냐하면 인공지능은 물질이기 때문이다. 그것은 컴퓨터의 기능이 크게 향상된 것이지 영혼이 하는 일을 대행하지 못한다. 이미 수많은 과학자들이 언급한 것처럼 인공지능은 창조적인 일을 하지 못한다. 인공지능을 가진 로봇이 행복하다고 말은 할 수 있어도 인공지능 로봇은 그 행복을 느끼지 못한다. 사랑을 하고 행복을 느끼는 것은, '나'라는 자아가 느끼는 것이고 영혼이 느끼는 것이다.

영혼은 물질과는 구별되는 실체이다. 문학, 신학, 철학, 종교, 정치학, 경제학, 음악, 미술, 스포츠, 연극 등 수많은 것들은 영혼이 만든 것이다. 인간의 삶에서 행복과 기쁨, 아픔과 고독 슬픔을 느낀 진정한 주체는 영혼이다. 그것은 몸이 나를 지칭하는 존재인 것 이상으로, 나의 진정한 실체를 대신하는 대명사이다. 그것은 나의 일생에 대해 책임지는 존재이다(눅12:19-20). 그리고 그것은 죽음 이후에도 존재한다.

그런데 이 죽음 이후의 신자의 영혼은 벌거벗은 상태로 있는 것이 아니다. 바울에 의하면 육의 몸이 있고, 영의 몸이 있다(고전15:44). 우리의 죽음은 육의 몸의 죽음이다. 영혼이 죽는 것이 아니다. 신자의 영혼은 하늘의 영광스런 몸을 갖게 된다. 바울은 이 영광스런 영의 몸을 덧입을 것을 말하고 있다. 신자의 영혼은 하늘의 영광스런 몸을 덧입을 것이다(고후5:1-4). 죽음 이후에 음부에 있는 부자의 상태도 몸이 없는 상태로 보이지 않는다. 그의 목마름은 몸의 고통을 의미한다. 전통적인 기독교 신학의 인간에 대한 이원론적 관점이 한동안 비판을 많이 받았는데, 죽음 이후의 몸이 없는 인간의 존재를 언급하는 차원은 비판의 대상이지만, 모든 것이 비판의 대상은 아니다. 오히려 오늘의 과학적 발견과 상당 부분 공명하고 있는 차원이 있고, 성경적 세계관을 담고 있는 차원이 많이 있다는 것도 유념할 필요가 있다.

제 2 부

창조와 진화

■

창조론을 위한 온신학의
중요한 발견과 새로운 해석

제 2 부

창조와 진화

– 창조론을 위한 온신학의 중요한 발견과 새로운 해석 –

서언 – 객관적 이성으로 창조주 하나님이 인식될
가능성에 대한 논의

최근의 역사에서 자연신학에 대해서 가장 강력하게 반대한 사람은 칼 바르트(Karl Barth, 1886-1968)로 알려져 있다. 바르트가 20세기 신학에 엄청난 영향을 미쳤기 때문에 아직도 많은 사람들은 자연신학[1]에 대해 언급하는 것이 신학적으로 잘못이 아닐까

---

1) 최근에 폴킹혼(J. Porkinghorne)이 언급한 자연의 신학(Theology of Nature)이라는 개념은 가치가 있어 보인다. 폴킹혼의 자연의 신학은 자연을 통해 하나님을 입증하려는 것이 아니고, 자연을 통해 하나님의 존재를 설득력 있게 언급하려는 신학이다. 자연신학은 역사의 마지막에 완성된다는 몰트만(J. Moltmann)의 관점에서 보면, 아직 하나님 나라가 완성되지 않고 도상에 있는 오늘의 현실에서 볼 때 자연의 신학은 매우 긍정적인 개념이다. 이 글의 목적도 하나님의 존재를 완전히 증명하려는 데 있는 것이 아니다. 하나님의 존재에 대한 설득력 있는 이성적 설명을 하려는 것이 이글의 목적이다.

라는 생각을 갖고 있다. 그러나 바르트는『교회교의학』(*Kirchlich Dogmatik*) 화해론을 쓰면서 자연신학에 대한 그의 전기의 생각을 크게 수정했다.[2] 만년의 바르트는 자연신학을 옹호하는 사람이 아닐까 라는 의구심이 생길 정도로 세상과 자연 속에서의 하나님의 객관적 인식 가능성을 언급했다. 바르트에 의하면 예수 그리스도를 통해 객관적으로 화해된 이 세상은 그리스도의 은총이 빛나는 세상이다. 이 세상을 객관적으로 관찰하면 창조주 하나님도, 그의 놀라운 은총도 발견할 수 있다. 후기 바르트에 의하면 하나님을 아는 것이 바른 객관적 이성적 지식이다. 그런데 오늘의 이 세상은 창조주 하나님도, 그의 놀라운 은총도 알지 못한다. 그 이유는 무엇일까?

　바르트에 의하면 이 세상의 지식은 전도되어 있다. 우리가 이제 살펴보게 될 오늘의 과학적 무신론을 보면 바르트의 말이 구구절절 정확하다는 것을 알 수 있다. 과학적 무신론은 전도된 지식이다. 바르트에 의하면 진리를 객관적으로 정확히 탐구해야 한다. 이 세상의 지식이 전도되어 있는 것은 이 세상을 지배하는 무(Das Nichtige)의 힘과 연관되어 있다.[3] 이 무의 힘은 세상의 모든 지식 속에 스며들어 있다. 바르트에 의하면 죄의 깊은 본질은 거짓(Lüge)이다. 이 무의 힘과 거짓의 힘은 상상할 수 없을 정도로 심각하다.

---

2) 바르트가 자연신학을 반대한 상징적인 글인『아니다!』(Nein!)는 히틀러(A. Hitler)에 대한 투쟁이라는 당시의 긴급한 상황과 관련해서 이해하는 것이 좋다. 당시의 상황에서 자연신학의 인정은 히틀러를 신성화시킬 수 있는 위험과 직결되어 있었다. 이 상황에서의 자연신학에 대한 반대는 바른 역사적 책임이었다. 바르트는『교회교의학』창조론을 쓰면서 이미『아니다!』와 다른 신학적 관점을 나타냈다.

3) 바르트에 있어서 무(Das Nichtige)는 마귀를 표현하는 용어이다.

성령은 진리의 영이고 이 세상의 객관적 진실을 가르쳐주는 영이시다. 따라서 신학자들과 교회는 객관적 진실을 밝히기 위해 성령과 함께 일해야 한다. 객관적 진실은 성령의 도구이다. 신학자들과 교회는 왜곡된 사실들을 바르게 해서 창조주 하나님과 그의 은총을 바르게 나타내는 진리를 세상 속에 드러내기 위해 일해야 한다. 무신론은 무의 힘과 깊이 연계되어 있다. 거짓의 영인 마귀는 다양한 이론을 가지고 와서 거짓을 만들고 속인다. 온신학은 진리의 영과 함께 하는 신학이고 세상 속에 존재하는 거짓을 부수고 객관적인 진리를 세상 속에 들어내려는 신학이다.

유신론과 무신론 가운데 어느 것이 객관적 진리일까? 온신학은 유신론이 객관적 진리라고 생각한다. 전통적인 유신론과 기독교 진리와는 관계가 없다고 생각하는 신학자들도 많이 있지만[4] 그것은 전통적 유신론을 너무 좁게 해석했기 때문으로 보인다. 우리는 전통적 유신론을 다른 차원으로 발전시켜서 오늘의 무신론에 대해 답을 하려고 한다. 이것은 진리를 밝히기 위한 신학자들과 교회의 당연한 과제이다. 오늘의 무신론중에서 가장 심각한 무신론은 과학적 무신론이다. 이 과학적 무신론에 있어서 오늘날 대표적인 인물은 호킹(Stephen Hawking)과 도킨스(Richard Dawkins)이다. 이들의 무신론은 하나님 없는 진화론으로 요약된다. 이 하나님 없

---

4) 예컨대 십자가는 전통적인 유신논증 가운데 역사적 논증에 대한 회의를 발생시킨다. 신정론의 문제도 역사적 논증에 대한 도전이다. 그러나 그리스도의 부활은 역사적 논증의 새로운 지평이다. 부활은 역사적 차원에서 일어난 일이지 신앙 속에서의 경험만이 아니다. 유신논증의 새로운 차원은 십자가와 부활의 변증법적 관계 속에서 곧 무능함과 전능함의 다면적 관계에서 파악하는 논증이다. 이는 목적론적 논증의 경우에도 마찬가지이다. 자연의 자유는 목적론적 논증을 무력화시킨다. 그러나 앞으로 언급하겠지만 우주론과 생물진화에 있어서의 인간 중심적 우주원리는 목적론적 논증에 큰 힘을 불어넣는다. 우주와 자연의 세계에는 카오스와 질서가 공존한다. 한 가지 면만 생각하는 것은 편향된 시각이고, 아직 온신학적 시각에 이르지 못한 관점이다.

는 진화론이 과연 객관적 진리일까?

제1장 지적 설계 이론에 대한 도킨스
(R. Dawkins)의 비판

도킨스는 그의 책 『만들어진 신』 (*The God Delusion*)에서 '보잉 747과 고물 야적장' 이라는 항목을 설정하고 지적 설계 이론을 비판했다. 도킨스는 프레드 호일(Fred Hoyle)이 "보잉 747과 고물 야적장"이라는 재미있는 상상을 했는데 이것을 어리석은 상상이라고 비판했다. 호일에 의하면 지구에 생명이 출현할 확률은 고물 야적장에서 보잉 747이 만들어질 확률과 비슷하다면서 창조론을 옹호했는데, 이는 "자연선택의 핵심을 이해하지 못하는 사람만이 할 수 있는 논증이다"[5]라고 강하게 비웃었다. 도킨스에 의하면 이는 얼른 보면 설득력이 있는 듯 하지만 사실은 진화의 과정을 모르는 매우 무식한 소리에 불과하다. 이 비슷한 무식의 전통적인 예가 도킨스에 의하면 페일리(William Paley)의 '숲속에서 발견한 시계' 비유이다. 페일리에 의하면 숲 속에서 시계가 발견되었다면 누구나 그 시계는 어떤 사람에 의해 만들어졌다는 것을 안다는 것이다. 시계와 같이 복잡한 것이 우연히 존재할 가능성이 없기 때문에 자연히 시계를 만든 사람에게 그 근원이 귀착될 것이고, 마찬가지로 이 우주와 우주 안에 존재하는 복잡한 생명체를 생각할 때 창조주 하나님은 당연히 존재하는 것으로 인식될 수밖에 없다는 것이다.

페일리의 "숲 속에서 발견한 시계"와 호일의 '보잉 747과 고물

---

5) R. Dawkins, *The God Delusion*, 이한음 역, 『만들어진 신』 (서울: 김영사, 2017), 175.

야적장'의 비유와 같은 흐름을 갖고 있는 이론이 지적 설계 이론을 주장하는 사람들의 '복잡한 눈'에 대한 논증이다. 20세기 후반 지적 설계 이론가들은 눈과 같이 복잡한 것이 우연에 의해 생길 가능성은 거의 없고, 눈과 같이 복잡한 것은 분명히 누군가 설계한 자를 지시하고 있기 때문에 창조주를 언급할 수 밖에 없다고 생각했다. 이 눈이 창조주 하나님을 지시하고 있다는 이 이론은 미국에서 지적 설계 이론이 등장하기 한 세기 전에 프린스턴(Princeton)의 신학자 찰스 하지(Charles Hodge)가 이미 주장했다. 하지는 독수리의 눈알을 보라고 언급했다. 독수리의 눈알을 보면 신의 존재를 확실히 알 수 있다는 것이었다. 하지에 의하면 독수리의 눈알에서 알 수 있는 설계와 디자인은 명백히 그것을 설계한 분을 나타내고 있다는 것이었다. 하지의 이 주장은 페일리의 자연신학의 연장선상에 있는 주장으로 보인다.

오늘날 지적 설계 이론은 대단한 위기를 맞고 있다. 그 위기의 중심에는 지적 설계 이론이 과학적이지 않고 잘못된 종교적 신념을 과학 속에 심으려고 하는 이론으로 많이 이해되고 있기 때문이다. 그 대표적 예가 '젊은 지구론'이다. 한국에서는 창조과학회에 속한 포항공대의 박성진 교수가 중소벤처기업부 장관 후보로 국회 청문회를 거치면서 낙마하게 된 사건이 상징적인 사건으로 보인다. 박성진 교수가 인류의 역사를 6000년으로 보고 있다는 비판이 강하게 생기면서, 한국의 거의 모든 과학계의 반발을 일으켰고, 결국 박성진 교수는 장관이 되지 못하고 낙마했다. '젊은 지구론'의 인류의 역사를 6000년으로 보는 견해나 공룡과 인간이 함께 살았다는 주장은 과학계의 큰 비웃음을 샀고, 이런 주장들은 오늘날에도 언론이나 학술 강연에서 보수 기독교계의 문제점으로 많이 지적되고 있는 사안들이다. 그런데 이와 같은 주장은 신학적으로 보면 성경에 대한 근본주의적 해석이 그 근거에 있다. 창조과학회는 근본주의 신학과 상당 부분 결탁되어 있기 때문에 과학적 문제에 대한 해석에 상당한 문제를 일으킨다. 때로는 과학적으로 거의 정설로 받아들여지는 과학 이론까지 근본주의적 성경 이해로 뒤엎으려는 시도를 하는 경우도 많이 있다. 창조과학회가 지성인들과 학자들 사이에 신뢰를 잃게 된 핵심적인 이유는 성경의 과학을 오늘에 적용하려는 무리한 시도에 있었다고 볼 수 있다. 근본주의 신학은 성경의 과학이 고대인의 과학이라는 것을[6] 결코 용인할 수 없기 때문에, 근본주의 신학에 바탕을 둔 창조과학 역시 성경의 과학을 오늘의 과학 속에 뿌리내리려고 시도한 것이다. 그런데 이 시도는 이제 거의 실패한 것으로 보인다.

그러나 우리는 창조과학의 실패를 기독교 창조론의 실패로 보아서는 안 된다. 창조과학이 진화론에 대한 강한 공격을 감행하고 창조론을 옹호했는데 창조과학이 실패했으니까 당연히 진화론이 승리한 것이고 창조론은 실패한 것이라고 속단하면 안 된다. 기독교 신학은 창조론이지 진화론이 아니다. 기독교 신학이 가톨릭 교회에서 볼 수 있는 것처럼 창조론 안에 진화론을 수용할 수는 있어도, 기독교 신학이 창조론을 버리고 진화론을 채택해서는 안 된다. 오늘의 가톨릭 신학은 떼이야르 드 샤르뎅(Teilhard de Chardin)의 진화신학을 자신의 창조론 속에 흡수했다. 이는 기독교 신학이 진화론을 만날 때 학문적으로 행할 수 있는 하나의

---

6) 욥38:6, 시24:2 등을 참고하라. 땅을 받치는 기둥이 있고, 기둥의 주춧돌이 있다는 세계관은 학문적 신학에서는 고대인의 세계관으로 이해하고 있다. 학문적 신학은 창세기 1장은 바벨론의 창세기와의 대결의 관점에서 이해한다. 이를 정확히 알기 위해서는 바벨론의 창세기인 에누마 엘리쉬(enuma elish)를 자세히 살펴보아야 한다.

방법이다. 그런데 중요한 것은 가톨릭 교회가 진화론을 수용했다 해서 진화론이 바탕이 된 신학으로 변질되었다는 것은 아니다. 가톨릭의 기본적 관점은 창조론이다. 예컨대, 영혼의 문제에 있어서 가톨릭은 영혼의 창조를 언급하지, 영혼에 대한 물질주의적 해석에 동의하는 것은 아니다. 이는 오늘의 상당수의 자유주의 신학적 이해인 영혼에 대한 물질주의적 이해와는 다르다.

창조과학회가 젊은 지구론을 주장한 것은 잘못되었다. 그리고 그들이 근본주의 신학에 입각한 성경 이해를 한 것과, 이에 근거해서 오늘의 과학적 문제에 대해 접근한 것은 잘못 되었다. 그런데 도킨스가 강력하게 비판한 것처럼 우주와 생명체에 대한 하나님의 계획과 설계하심을 주장한 것도 잘못 되었을까? 이 우주를 볼 때 어떠한 설계하심이 있다는 느낌은 부정할 수 없이 스며드는 자연적 감정이 아닐까? 수많은 시인들과 예술가들이 우주의 아름다움을 보면서 신의 신비를 노래한 것은 과학적으로 한심한 어리석은 노래였을까? 최초의 빅뱅부터 오늘의 인류의 출생까지의 모든 과정이 도킨스가 주장한 것처럼 어떠한 계획도 없이 우연에 의해 생긴 것일까? 우연에 너무 많은 짐을 지우는 것은 아닐까? 최초의 물질 안에 무슨 신성한 것이 있었기에 오늘의 이 어마어마한 우주가 생겨날 수 있었을까?

도킨스는 자신의 무신론적 진화론이 우연에 근거한 진화론이라는 것을 강하게 부정했다. 도킨스는 페일리의 숲 속의 시계에서 창조주를 찾는 자연신학은 다윈(Charles R. Darwin, 1809-1882)의 『종의 기원』(*On the Origin of the Species by Means of Natural Selection*)이 등장하면서 더 이상 존재할 수 없는 이론이 되었다고 주장했다. 그 이유는 생명체 자체가 스스로를 진화시키기 때문이라는 것이다. 도킨스의 관점은 무생물인 시계와 스스로를 진화시키는 생명체는 다르다는 것이다. 호일의 "고물 야적장과 보잉 747"의 비유도 마찬가지라는 것이다. 시계나 보잉 747은 설계자가 분명히 있다. 그것은 무생물이기 때문이다. 그런데 생명체는 도킨스에 의하면 끊임없이 스스로를 진화시키는 능력이 있다. 도킨스에 의하면 페일리의 자연신학에 근거한 창조론자들은 근본적인 오류를 범했다. 그들은 스스로를 진화시키는 능력을 갖고 있는 생명체와 무생물인 시계의 근본적인 차이조차 모르는 한심한 자들이다.

도킨스에 의하면 생명체는 유전자의 돌연변이와 자연선택에 의해 스스로를 진화시킨다. 이것은 외관상 우연으로 보인다. 이 우연 같은 변화와 진화가 계속 누적되면서 생명체의 진화는 계속되었고, 마침내 지구에 인류가 탄생했다. 도킨스는 인류의 탄생이 어마어마한 우연적인 사건이지만 이 우연적 사건은 근거가 없는 것이 아니고 돌연변이와 자연선택이 만든 사건이라는 것이다. 빅뱅에서부터 인류가 탄생할 때까지 신이 그 과정에 개입할 자리는 없다. 그 모든 과정은 과학적으로 모두 설명될 수 있다. 아직 화석의 부족이나 기타 과학적 발전의 부족으로 설명되지 않는 간격은 있어도 이 간격을 메꾸기 위해 신을 데려오면 안 된다. 왜냐하면 더 많은 화석이 발견되고 과학이 발전하면 그 간격을 충분히 메우고 설명할 수 있기 때문이다. 이제 과학은 더 이상 간격을 메우는 '구멍 메우는 신'은 필요치 않다.

도킨스에 의하면 생명체의 진화는 신이 인도하는 과정이 아니다. 떼이야르 드 샤르뎅이 언급한 창조적 진화 개념은 매우 잘못된 것이다. 진화에 방향이 설정되어 있다는 샤르뎅의 관점은 과학적 시각이 아니다. 진화는 어디로 가는지 모른다. 그것은 맹목적이지 오메가 포인트를 향해 나아가는 신의 섭리의 길이 아니다. 도킨스에 의하면 유신론적 진화론은 과학이 아니다. 진화에는 방향이 없고 돌연변이와 자연선택과 적자생존의 가혹한 환경이 있을 뿐이다. 진화는 매우 점진적으로 일어난다. 갑자기 일어나는 변화는 창조주의 개입의 가능성에 대한 의심을 불러일으킨다. 진화는 매우 점진적으로 일어나지만 긴 세월 동안 조금씩 조금씩 누적되면서 새로운 생명체가 등장했다. 도킨스의 무신론적 진화론은 작은 변화에 의한 누적이 오늘의 생명의 신비를 푸는 열쇠이다.

이와 같은 도킨스의 과학적 무신론은 정말 과학적인가? 많은 사람들은 도킨스가 이 시대의 위대한 과학자이기 때문에 그의 주장은 매우 과학적일 것이라고 상상한다. 우리는 도킨스의 이론이 갖고있는 여러 가지 과학적 문제점 가운데 먼저 한 가지를 지적하고자 한다. 도킨스는 생물학자이기 때문에 주로 생명체의 진화에 깊은 관심을 가진 것으로 보인다. 그런데 생명체의 진화 이전에 이미 무언가 존재하고 있는 것에 대해서는 무엇을 얘기할 수 있을까? 생명탄생 이전에 우주에 있었던 것들은 모두 무생물이 아닌가? 무생물에게도 돌연변이와 자연선택의 이론을 적용할 수 있을까? 무생물도 생명체처럼 스스로 진화시키는 능력이 있다고 말할 수 있을까?

우주의 시작에 일어난 빅뱅부터 별의 탄생 및 탄소와 산소의 존재 및 지구의 탄생, 그리고 수많은 자연법칙 등 생명체가 지구에 살기 위해서는 어마어마한 조건이 먼저 있어야 한다. 오늘의 과학은 별들의 폭발이 없이는 생명체에 꼭 필요한 탄소가 존재할 수 없다는 것을 과학적으로 밝혀 놓았다. 그런데 최초의 우주에는 수소나 헬륨 같은 가벼운 원소만 있었지 탄소는 없었다. 빅뱅부터 지구에 생명이 탄생하기까지의 100억년 이상 동안 우주에는 어마어마한 진화가 있었다. 그런데 이 진화는 유전자의 돌연변이도 아니고 생존경쟁을 위한 자연선택의 과정도 아니다. 이 우주의 존재는 오히려 페일리의 '숲 속의 시계'나 호일의 '고물 야적장과 보잉 747'이 생각나는 무생물 세계에 존재하는 신비한 질서이다. 지구가 태양의 주변을 돌고 있는 것부터 매우 신비한데, 이것은 페일리의 숲 속의 시계와는 비교할 수 없는 엄청난 신비이다. 그런데 이 신비에 자연선택이나 유전자의 돌연변이가 들어갈 장소는 없다.

제2장 인간 중심적 우주원리
(anthropic cosmological principle)와
하나님의 계획(God's plan)

I. 인간중심적 우주원리란 무엇인가?

인간 중심적 우주원리라는 용어는 브랜든 카터(Brandon Carter)가 1974년 처음 사용한 용어인데 이 개념이 크게 확대되게 된 계기는 1986년 배로(John Barrow)와 티플러(Frank Tipler)가 『인간 중심의 우주 원리』(*The Anthropic Cosmological Principle*)를 출간하면서 세계의 주목을 받게 되었고, 점차 우주를 바르게 이해하는 원리로 물리학자들에게 인정받게 되었다. 이 개념은 과거의 물리학에 없던 새로운 개념으로 신의 창조와 우주의 진화와의 관계를 해명하는 매우 중요한 개념이다. 인간 중심적 우주원리는 이 우주는 탄생에서부터 신비하고 놀라웁게도 인류의 탄생을 향해 정향되어 있다는 과학적 발견이다.

이 우주가 탄생에서부터 신비하고 놀라웁게도 인류의 탄생을 향해 정향되어 있다면 당연히 그 방향을 정한 존재의 가능성을 강력하게 시사할 수 밖에 없다.[7] 배로와 티플러는 도킨스가 그렇게도 거부하는 "목적과 설계"라는 개념을 긍정적으로 설명하면서 거의 200쪽에 해당하는 방대한 논리를 전개했다. 맥그래스(A. E McGrath)에 의하면 목적과 설계라는 개념은 물리학에서 거의 금기시 되는 개념임에도 불구하고 그들의 논지는 매우 힘이 있어 그

---

7) J. Polkinghorne, *Theologie und Naturwissenschaften*(Gütersloh: Gütersloher, 2001), 55.

들을 비판하는 이들의 공격을 무장해제시켰다.[8]

이 인간중심적 우주원리라는 이론은 데이비스(Paul Davis)의 『골드락의 수수께끼』(*The Goldilocks Enigma*)라는 책[9]과 상응하는 책으로 우주에 존재하는 신비하고 놀라운 방향과 목적성을 입증하는 책이다. 이 우주가 빅뱅에서부터 인류의 탄생을 향해 정향되어 있다면 이것은 정말 놀라운 하나님의 계획과 섭리를 과학자들이 발견한 것이다.[10]

인간 중심적 우주원리를 지탱하기 위한 매우 중요한 우주론적 근거는 '우주상수'라는 개념이다. 이 우주 상수라는 말은 우주 속에 존재하는 힘들을 숫자로 표시한 것이다. 예컨대 전기력과 중력의 비율, 핵력, 우주 안에 있는 물질의 양, 우주척력, 중력의 속박력 등이다. 그런데 중요한 것은 이 숫자가 조금만 달라져도 오늘의 우주는 결코 존재할 수 없었다는 것이다. 우주가 팽창해 갈 때 팽창을 가능하도록 밀어주는 힘(척력)이 있는데 이 힘이 조금만 작으면 우주의 중력에 의해 우주는 쪼그라들고 붕괴된다는 것이다.[11] 역으로 조금만 더 커도 오늘의 우주는 존재할 수 없다. 핵력도 마찬가지이다. 이 핵력은 0.007이라는 숫자를 가지는데 이 숫자가 태양에서 나오는 힘을 통제할 뿐만 아니라 매우 섬세하게 별들이 수

---

8) A. E. McGrath, *A Fine Tuned-Universe*, 박규태역, 『정교하게 조율된 우주』(서울: 한국 기독학생회 출판부, 2014), 257.

9) P. Davis, *The Goldilocks Enigma: Why is the Universe just right for Life?* (London: Allen Lae, 2006), 147-171.

10) 인간중심적 우주원리의 긍정과 부정에 대한 과학적 토론에 대해서는 다음을 참고하라. John Polkinghorne/ Nicholas Beale, *Questions of Truth* (Louisville: Westminster John Knox Press, 2009), 43-45. 인간중심적 우주원리에 대한 대개의 비판은 다중우주론에 기초를 두고 있다. 이 다중우주론의 한계와 극복에 대해서는 제7장과 제8장을 참고하라.

11) 이 척력은 물리학자들이 쓰는 단위 없는 기준으로 10^{-123} 이다.

소를 주기율표에 있는 모든 원자들로 바꾸는 것도 통제한다. 만일 이 상수 값이 0.006이나 0.008이면 지상의 생명체는 존재할 수 없다. 이 상수 값이 0.007인 것은 지상의 생명체의 발생을 향해 미리 정향되어 있는 숫자라는 것이다. 오늘의 과학자들은 이 우주상수가 조금만 달랐더라도 인간이라는 생명체는 결코 우주에 존재할 수 없었다는 점에 동의하고 있다. 맥그래스(Alister McGrath)는 이 우주상수의 의미를 다음과 같이 4가지 항목으로 매우 잘 요약했다.[12]

1. 만약 강한 결합 상수가 지금보다 조금만 작았다면 수소가 우주의 유일한 원소였을 것이다. 우리가 아는 생명의 진화는 탄소의 화학적 특성들에 근본적으로 의존하기에 일부 수소가 융합되어 탄소로 전환되지 않았다면 생명은 생겨나지 못했을 것이다. 한편 강한 결합 상수가 조금만(2퍼센트 정도) 컸다면 수소는 헬륨으로 전환되었을 것이고 그 결과 수명이 긴 별들은 형성되지 못했을 것이다. 그런 별들이 생명체의 등장에 필수적이라는 것을 생각할 때, 그 전환이 이루어졌다면 우리가 아는 생명은 생겨나지 못했을 것이다.

2. 만약 약한 미세 상수가 지금 보다 조금만 작았다면 우주의 초기에 수소가 형성되지 않았을 것이다. 그랬다면 어떤 별도 형성되지 않았을 것이다. 그런데 생물학적으로 중요한 화학원소인 탄소, 질소, 산소는 최초의 빅뱅이 아니라 별의 핵에서 형성되었다. 반면에 이 상수가 조금만 컸다면 초신성들이 생명에 필요한 중원소를 방출할 수 없었을 것이다. 어느 쪽이건 우리가 아는 생명은 생

---

12) A. McGrath, *Inventing the Universe*, 홍종락 역, 『우주, 하나님 지으신 모든 세계』(서울: 복있는 사람, 2017),128-129.

겨날 수 없었을 것이다.

3. 만약 전자기 미세 구조 상수가 조금만 더 컸다면 별들이 충분히 뜨겁지 않아 우리가 아는 형태의 생명을 유지하기에 충분한 온도까지 행성들을 데울 수 없었을 것이다. 이 상수가 더 작았다면 별들이 너무 빨리 타버려 이 행성들에서 생명의 진화가 일어날 수 없었을 것이다.

4. 만약 중력 미세 구조 상수가 조금만 작았다면, 구성 물질 융합이 이루어지지 못해 별들과 행성들이 형성되지 못했을 것이다. 이 상수가 더 컸다면, 형성된 별들이 너무 빨리 타 버려 생명체의 진화가 일어날 수 없었을 것이다.

오늘의 우주 과학은 지구의 생명체의 존재의 매우 많은 부분이 이미 우주가 시작되던 시절의 정밀하게 조정된 질서에 의존하고 있다는 것을 밝혔다. 빅뱅 이후 38만년 지나서 나타난 원시의 빛인 우주 배경복사를 발견하고 이 빛의 온도가 미세하게 차이가 있다는 것을 발견해서 2006년 노벨상을 받은 코비(COBE) 팀의 대표인 조지 스무트(Jeorge F. Smoot 3세)는 이 우주 배경복사가 오늘의 우주의 청사진이라고 밝혔다. 즉, 오늘의 우주의 설계도가 바로 그 우주 배경복사라는 것이다. 우주 배경복사를 가르키며 스무트는 "당신에게 만일 종교가 있다면, 당신은 신의 얼굴을 보는 것이다"라고 언급했다. 스무트에 의하면 우주 배경복사에 나타나는 정교하게 만들어지고 미세한 차이로 세밀하게 구별되는 수학적 패턴이 우주라는 거대한 건축물의 설계도라는 것이었다.

Ⅱ. 우주에 존재하는 하나님의 계획

폴킹혼에 의하면 오늘의 물리학은 전통적인 신다윈주의자들이 자연선택론에서 생각하는 역사적 우발성과는 전혀 다른 "역사를 넘어서는 필연성"(ahistorical necessities)[13], 곧, 역사가 전개되어 나가는 배후에는 창조주의 목적이 존재하고 있는 것을 발견했다. 이 놀라운 사실은 돌연변이나 적자생존이 오늘의 생명체의 근원이라는 도킨스의 일면적이고 편향적인 무신론을 근원적으로 흔드는 무서운 진실이다. 우주상수 개념은 이미 신에 의한 계획을 상기시키는 무서운 진실이다. 폴킹혼에 의하면 우주와 우주진화의 배후에는 "신의 정신"(divine mind)[14]이 존재하고 있다.

인간 중심적 우주원리에 대해서는 대표적인 무신론적 물리학자 호킹(Stephen Hawking)도 그의 유명한 무신론을 대변하는 책 『위대한 설계』(*The Grand Design*)에서 일차적으로 긍정적으로 언급했다. 호킹은 다음과 같이 언급했다. "강한 핵력의 강도가 겨우 0.5퍼센트 다르거나 전기력이 겨우 4퍼센트 다를 경우, 모든 별들의 내부에서 탄소가 거의 전부 사라지거나 산소가 전부 사라지고 따라서 우리가 아는 생명의 가능성도 사라진다. 강한 핵력이나 전기력을 지배하는 법칙들을 조금이라도 건드리면, 우리가 존재할

---

13) J. Polkinghorne/M. Welker, *Faith in the Living God*(London: Society for Promoting Christian Knowledge, 2001), 19.

14) J. Polkinghorne/M. Welker, *Faith in the Living God*, 40. 폴킹혼이 우주의 진화의 배후에 신의 정신이 있다고 언급했다 해서 우주의 진화의 과정이 모두 신에 의한 각본으로 보면 안 된다. 우주와 생명체의 진화과정에는 수많은 우발성이 있다. 이는 신에 의해 피조물에게 주어진 자유이다. 폴킹혼은 전능한 하나님의 자기제한을 통해 피조물에게 자유가 주어졌다는 몰트만(J. Moltmann)의 관점을 채택하고 있는데 이는 긍정적인 이해로 평가할 수 있다.

가능성은 사라진다!"[15] 호킹 역시 앞에서 맥그래스가 요약해서 언급한 우주 상수들의 중요성과 이 모든 것들이 인류의 탄생을 향해 정향되어 있다는 점에 동의하고 있는 것이다.

호킹 역시 다음과 같이 결론을 내렸다. "우리들의 이론들에 등장하는 근본적인 상수들의 대부분은, 만일 그것들이 약간이라도 변경되면 우주가 질적으로 달라지고 많은 경우에 생명의 발생에 부적합해진다는 의미에서, 정밀하게 조정되어 있는 것으로 보인다. 예컨대 만약 약한 핵력이 실제보다 훨씬 더 약했다면, 초기 우주에서 모든 수소는 헬륨으로 바뀌었을 것이고 따라서 일반 별들은 형성되지 않았을 것이다. 반대로 약한 핵력이 실재 보다 훨씬 더 강했다면, 폭발하는 초신성은 바깥쪽 껍질을 방출하지 않았을 것이고, 따라서 생명에 필수적인 무거운 원소들이 별들 사이의 공간에 흩뿌려질 수 없었을 것이다".[16] 우주상수와 생명의 출현에 대한 인간중심적 우주원리에 대해서는 맥그래스와 호킹 사이에 아무런 차이가 없다. 호킹 역시 다음의 말로 결론을 맺었다. "만일 우주 상수의 값이 실제 보다 훨씬 더 크다면 우리 우주는 은하들이 형성될 사이도 없이 산산이 흩어졌을 테고, 따라서 우리가 아는 생명은 불가능했을 것이다."[17] 유신론자 맥그래스와 무신론자 호킹 사이에 우주상수와 인간중심적 우주원리에 차이가 없다면, 왜 맥그래스는 이 인간중심적 우주원리가 신의 창조를 지시하고 있다고 판단했는데, 호킹은 무신론자로 자신의 삶을 마쳤을까? 맥그래스가 모르고

---

15) S. Hawking/L. Mlodinow, *The Grand Design*, 전대호 역, 『위대한 설계』(서울: 까치글방, 2018), 201.

16) 위의 책, 201-202.

17) 위의 책, 204.

호킹만이 아는 더 깊은 천체 물리학적 지식이 호킹에게 있는 것일까?

호킹이 무신론적 과학을 왜 주장했는지를 논거하기 앞서 맥그래스와 호킹이 모두 동의하는 우주상수와 인간중심적 우주원리를 확대해서 오늘의 신학적 정황에 적용하면, 인간의 탄생은 이미 빅뱅이 시작될 때부터 하나님에 의해 계획되고 설계된 사건으로 파악된다. 성경의 창조 이야기는 모두 인간중심적으로 구성되어 있다. 물론 성경의 전체를 파악하면 하나님 나라가 궁극적인 목적이지만 인간의 창조는 하나님 나라의 완성으로 가는 길에 결정적으로 중요한 일이다. 그런 까닭에 성경의 창조 이야기의 정점에 인간의 창조가 있다. 그런데 오늘의 발전된 물리학의 우주론적 이해가 성경의 창조 이야기와 매우 많이 상응하고 있는 것이다. 우리는 이 두 이야기가 꼭 같다고 얘기하는 것은 아니다. 그럼에도 불구하고 창조나 우주진화에 있어서 공히 인간은 매우 중요한 존재로 나타난다.

우주상수와 인간 중심적 우주원리는 일차적으로 인간이 정점에 존재하는 매우 귀한 존재라는 것을 나타내고, 우주의 시작부터 지구의 생명체를 향한 계획이 있었다는 것을 동시에 나타내고 있기 때문에 세상에 존재하는 모든 생명체 역시 매우 귀중하다. 오늘의 과학적 무신론에 기초해서 인간을 보면 인간은 매우 하찮은 존재이다. 인간뿐만 아니라 모든 생명체도 하찮은 존재이다. 우주의 변화와 진화과정에서 우연히 생명체가 존재하게 되었고, 인간 역시 매우 우연적 존재이기 때문이다. 그리고 우주가 다시 수축하면 모든 것이 없어지는 아무 것도 아닌 존재이다. 우연히 나타났다가 우연히 사라지는 것이 인간일 뿐이다. 우주 역시 마찬가지이다. 이것은 얼마나 허무한 과학이고 허무한 인간에 대한 정의인가!

우주상수와 인간 중심적 우주원리는 생명체 하나하나를 출현시키기 위해 신이 엄청난 계획을 세우고 엄청나게 세밀한 작업을 한 것을 나타낸다. 단 하나의 생명체도 하찮게 여길 수 없다. 왜냐하면 그 생명체의 탄생을 위해 수고한 신의 수고가 엄청나기 때문이다. 모든 생명체의 권리는 어쩌면 그 생명체를 탄생시키기 위해 수고한 신의 수고와 사랑에 근거할 가능성이 있다. 지구의 주변을 도는 달을 볼 때에도 우리는 신의 세밀한 계획과 수고에 감사할 수밖에 없다. 최근에 인간에게 영혼이 있느냐 없느냐를 두고 논쟁이 심각하다. 유물론적 과학은 인간의 정신은 물질에 불과하다고 강조하면서 인간의 영혼의 존재에 대해 매우 부정적이다. 이는 무신론적 진화론자 도킨스 역시 마찬가지이다. 인간의 모든 정신 활동이 물질에 불과하다면 형이상학은 그 순간 무너지고 모든 인문학도 그 기반이 무너질 것이다. 높은 도덕과 윤리에 대한 사회적 틀은 물질에 의해 규정되는 새로운 틀에 의해 대치될 것이다. 그런데 유감스럽게도 오늘의 세계는 한동안 이 방향으로 과학의 방향이 흘러가고 있었다.

　우주상수와 인간 중심적 우주원리는 인간을 향한 신의 창조의 깊이를 암시하고 있기 때문에 신학적으로 매우 중요해 보인다. 인간이 하나님의 형상이라는 성경의 가르침은 우주 창조의 정점에 있는 인간 존재의 위대함과 잘 상응한다. 성자 예수께서 인간이셨다는 사실은 엄청난 계시적 사건이다. 오늘날 동물과 인간 사이의 차이를 언급하기 싫어하는 사상은 세상의 과학에만 있는 것이 아니고, 신학계 안에도 깊이 들어와 있다. 이런 사상이 신학계 안에 깊이 들어온 배경에는 침팬지와 인간 사이의 DNA 구조가 거의 같다는 것이 크게 영향을 미친 것으로 보인다. 그러나 침팬지와 사람은 엄청나게 다르다.[18] 유전자 구조의 차이가 적다는 것은 사람과 침팬지를 해부했을 때 장기 등의 구조가 별 차이가 없는 것 정도의 내용일 것이다. 즉 그 정도는 유전자를 언급하지 않아도 외과 수술 적으로 충분히 파악할 수 있다.[19] 외과 수술적으로 파악할 수 있는 내용이 DNA를 통해 밝혀진 것 정도일 것이다.

DNA가 RNA[20]로 또 단백질로 연결되어 생명이 출현하는 과

---

18) 인간과 침팬지의 DNA가 98.6%가 같다는 주장은 매우 표피적 관찰에 불과한 것으로 보인다. 최근의 연구는 DNA 내에 존재하는 삽입 혹은 삭제된 유전자 등에 관한 기본적인 것들만 포함해도 5%의 차이가 존재한다고 보고 있다. 이 5%의 차이만으로도 30억 개의 염기쌍에 있어서 1억 5천만 개의 차이가 존재한다. 또한 간과된 배열 순서에 관한 것들도 있고, Y염색체의 경우에는 30% 이상의 차이가 있다고 보고되고 있고, 대뇌 피질에 관한 연구에서는 17.4%가 차이가 있는 것으로 보고되고 있다. 또한 심각한 것은 소위 정크 유전자에 관한 것인데, 현재 유전자에서 암호화되어 있는 유전자는 전체 유전자의 매우 적은 부분이고(약 3% 정도), 나머지는 정크 유전자인데, 과거에는 이 유전자는 쓰레기처럼 쓸모없는 진화과정의 불필요한 부분이라고 여겼지만, 현재는 그것이 아닌 실질적인 영향을 미치는 것으로 파악되고 있다. 또한 유전자 정보는 DNA에서 RNA로 연결되어 단백질로 전달된다. RNA가 단순히 DNA 정보를 전달하는 기능만 있는 것으로 생각했는데, RNA가 다른 곳에서도 많은 정보를 받아 전달하는 것으로 파악되고 있다. 최근의 신문 보도에 의하면 스티븐 하이네(Steven J, Heine) 캐나다 브리티시 컬럼비아대 교수는 사람의 키에 연관된 유전자만 29만 4천 831개 있다고 주장했다. 스티븐 하이네는 『유전자는 우리를 어디까지 결정할 수 있나』(*DNA is not Destiny: The Remarkable, Completely Misunderstood Relationship between You and Your Genes, 2017*)라는 주목할만한 책을 최근에 출간했다. 인간의 23개 DNA와 침팬지의 24개 DNA 쌍만 단순 비교하는 것은 매우 표피적 관찰로 보인다. 우리는 아직 어마어마한 정보전달의 구조와 내용을 모르고 있는 것으로 사료된다.

19) 웰스(J. Wells)는 인간과 침팬지의 DNA는 오늘의 연구에 의하면 95%만 같은 것으로 밝혀졌다고 주장하고 있다. 그러나 이것은 표피적인 유사성일 뿐이다. 웰스는 유전자의 대부분을 차지하는 정크(junk/기능이 없다고 생각했던) DNA가 유전에 깊이 관여하고, 다양한 효소들이 RNA 절단에 깊이 관여하고, DNA, RNA, 단백질로 연결되는 과정에 기여하는 유전물질이 매우 다양하고, 다양하게 영향을 미친다는 것이 밝혀진 오늘의 상황에서 인간과 침팬지가 거의 같다는 주장은 이미 원시적인 주장이 되었다고 보고 있다. 웰스에 의하면, 수박과 배추와 물을 비교하면 수박과 배추는 99.8%가 물로 되어 있고, 바나나와 사람의 유전자도 55% 동일하다.

20) RNA는 DNA 안에 있는 정보를 번역해서 단백질로 전달한다. 그런데 이 번역이 상상을 초월하는 양의 번역이다. 이 번역기가 어떻게 DNA 안에 있는 정보의 암호를 해독(decode)해서 단백질로 전달하는 엄청난 일을 한다는 말인가! 안토니 플루는 이 해독(decode)의 신비는 신다윈주의에 대한 심각한 도전으로 보았다. A. Flew, *There is A God* (New York: HarperCollins, 2007), 126-129.

정은 엄청나게 복잡하다. 그것은 DNA 해독만으로 해독되지 않은 엄청난 복잡한 체계라는 것이 오늘의 과학의 관점으로 보인다. 영국의 생물학자 노블(Denis Noble)은 다음과 같이 말했다. "충분히 높은 해상도에서 들여다보면 난자 세포는 게놈 보다 더 많은 정보를 담고 있음에 틀림없다. ... 나는 그 정보의 대부분이 게놈에 속한 것이 아닌 것으로 추측된다."[21] 2000년 하바드 대학교 출판부에서 출판된 『유전자의 세기』(*The Century of Gene*)에서 미국 메사츄세스 공대 교수 켈러(Evelyn Fox Keller)는 DNA 구조 발견으로 생명의 비밀을 알았다고 하는 그릇된 사고를 고쳐야 함을 역설했다. 그 이유는 생명이 게놈 뿐만 아니라 그 속에 내장된 세포 조직의 방대한 네트워크들 사이의 매우 복잡한 상호작용에 의해 발생하기 때문이다. 켈러에 의하면 생물의 구조와 기능을 설명하는 핵심 개념으로서의 DNA의 위상은 20세기적 현상이지 21세기적 현상은 아니다.[22]

인간의 영혼을 담고 있는 인간의 생물학적 패턴이 어떻게 존재하게 되었는지는 아직 과학자들이 발견하지 못한 것으로 보인다. 그러나 현상학적으로 인간은 침팬지와 매우 다르다. 특히 인간의 뇌의 역할은 이 세상에 존재하는 어떤 피조물과도 비교할 수 없을 정도로 질적으로 다른 차원을 갖고 있다. 이 질적으로 다른 차원을 갖도록 만드는 생물학적 구조가 어디서 왔는지 신다윈주의 이론으로는 아직 설명 자체가 불가능하다. 인간 신경계의 복잡성의 기원

---

21) D. Noble, "Genes and causation," *Philosophical Transactions of the Royal Society of London* A 366(2008), 3001-3015, 이를 다음의 책에서 재인용, J. Wells, More Icons of *Evolution*, 소현수 역, 『진화론의 상징들』(서울: 부흥과 개혁사, 2017), 107.

22) J. Wells, 『신화론의 상징늘』, 106.

에 대한 문제는 신다윈주의의 곤경이자 난제이다. 그것은 하나님의 계속적 창조를 언급하지 않고서는 극복되기 어려운 난제일 것이다. 생명 진화의 방향이 인간의 탄생을 향하고 있었다는 사실은 하나님의 계속적 창조행위의 정점에 인간이 있다는 의미이다. 수많은 현상을 통해 개관적으로 발견되는 분명한 것은 인간만이 하나님과 교류하는 하나님의 형상이라는 점이다. 성자 예수께서 인간이라는 사실은 인간이 갖고 있는 독특한 지위와 위상을 암시한다.

더 나아가서 성자 예수께서 이 땅에 존재하는 하나의 생명체이고 그의 몸이 물질로 구성되어 있다는 것은 모든 생명체의 존엄과 관련이 있을 수 있다. 이미 앞에서 언급한 것처럼 세상의 모든 생명체는 존엄한 것이다. 그러나 세상의 생명체와 인간을 같은 차원에서 언급하는 것은 무리한 동일화이다. 우주상수와 인간 중심적 우주원리는 인간과 더불어 교제하면서 기쁨의 세계를 만들어가길 원하는 신의 의지를 상당 부분까지 깊이 느끼게 한다. 그리고 이 의지가 계시적 차원에서 계시된 사건이 예수 그리스도의 성육으로 보인다.

제3장 정교하게 조율된 우주
(a fine-tuned universe)

수소 핵 발전소와 보잉 747기를 만드는 것 중에 어느 것이 어려운 일일까? 현재까지의 과학적 상황을 살펴보면 수소 핵 발전소를 만드는 것이 월등히 어렵다. 수소 핵 발전은 꿈의 에너지이다. 이것을 성공만 할 수 있으면 세계의 에너지 문제는 순식간에 해결되고, 환경오염으로 몸살을 앓는 범지구적 근심이 해결될 수 있다. 그러나 수소 핵 발전소의 건립은 너무나 많은 기술적 난관 때문에, 세계 최고의 과학과 천문학적 국가적 재정이 투입되고 있지만 이제 겨우 첫 발을 내딛고 있을 뿐이다.

그런데 태양이 엄청난 규모의 수소 핵 발전소라는 사실을 우리는 유념할 필요가 있다. 우리가 수소 핵 발전소를 건립하려는 것은 태양이라는 거대한 수소 핵 발전소를 닮은 작은 수소 핵 발전소를 지구에 건설하려는 것이다. 그런데 태양이라는 엄청나게 거대한 수소 핵 발전소는 어떻게 만들어졌을까? 그것이 우연히 된 것일까? 수소 핵융합이 일어날 때 상상을 초월하는 에너지가 발생하는데 그 에너지를 어떻게 일정하게 통제할 수 있단 말인가? 그 에너지가 일정하게 통제되지 않으면 지구의 생명체는 모두 죽는다. 또한 수소 핵융합은 양전하를 띠는 핵이 융합하는 것이기 때문에 정상적이지 않은 매우 힘든 특수한 조건이 전제되어 있어야 한다. 이 특수한 조건은 어떻게 형성되었으며, 그 조건이 긴 세월 동안 계속 어떻게 유지될 수 있단 말인가?

태양이라는 수소 핵 발전소의 건립이 우연히 되었을 가능성은 없다. 그 핵 발전소는 누군가에 의해 만들어졌고, 매우 정교하게 조율되어 있고, 매우 정교한 힘과 지혜에 의해 운행되고 있다. 호일이 고물 야적장에서 보잉 747기가 저절로 만들어질 수 없다고 한 것보다, 몇 억배 더 가능성이 없는 것이 우연히 태양이라는 수소 핵 발전소가 만들어지는 것이다. 우리는 지구 상에 우연히 수소 핵 발전수가 존재할 수 없다는 것을 안다. 그것은 고물 야적장에서 보잉 747기가 저절로 생겨났다고 하는 것보다 더 가능성이 없는 것이다. 그런데 지구의 수소 핵 발전소와는 비교가 안 되는 엄청난 핵 발전소인 태양이 우연히 존재할 수 있었을까?

우주의 존재는 하나님의 존재를 알 수 있는 거울이자 근거이다. 이 말은 우주를 바르게 관찰하면 하나님께서 존재하시고, 우주를 이 하나님께서 창조하신 것을 알 수 있다는 뜻이다. 태양만 보아도 하나님 계심을 알 수 있다. 전통적으로 신학은 하나님을 찾을 수 있는 길이 두 가지라고 가르쳤다. 그 두 가지 길 가운데 하나는 특별계시인 예수 그리스도를 통하는 길이고 또 하나는 피조세계인 우주의 존재이다. 신학 교과서에 창조계시라고 하는 것의 실체는 우주의 존재이다.

물론 신학 교과서는 창조계시로 하나님의 존재를 완벽하게 알 수 없고, 매우 흐리게 알 수 있을 뿐이라고 일반적으로 가르치고 있다.[23] 왜 그러할까? 왜 우주를 통해 하나님의 존재를 완벽하게 알 수 없고, 매우 흐리게만 알 수 있는 것일까? 그것은 우주를 통해 하나님의 존재가 계시되고 있지 않기 때문이 아니고, 이미 서언에서 언급한 것처럼 세상에 깊이 존재하는 전도된 지식과 지혜 때문이다. 이 전도된 지식과 지혜는 인간의 죄와 관련이 깊고, 거짓말하

---

23) 이것은 칼뱅(J. Calvin)의 입장인데 이에 반대하는 관점도 있다. 그러나 전체적인 신학의 흐름은 칼뱅의 입장과 유사한 것으로 보인다.

는 영인 마귀와도 관련이 있다. 요 8:44에 의하면 마귀는 처음부터 "거짓말하는 자"이다. 또한 마귀는 비진리로 사람과 세상을 혼란케 하는 "미혹의 영"(딤전 4:1; 요일 4:6)이다. 세계의 깊은 무신론의 배후에는 인간의 죄악과 전도된 지식 및 악한 영의 활동이 존재하고 있다.

그러나 우주를 바르게 관찰하고 이해하면 하나님의 신성과 능력을 발견할 수 있다. "창세로부터 그의 보이지 않는 것들 곧 그의 영원하신 능력과 신성이 그가 만드신 만물에 분명히 보여 알려졌나니 그러므로 그들이 핑계하지 못할지니라"(롬1:20). "하늘이 하나님의 영광을 선포하고 궁창이 그의 손으로 하신 일을 나타내는도다"(시19:1). 궁창 한 가운데 있는 태양 역시 하나님께서 태양을 운행하고 있다는 것을 나타내고 있다. 오늘의 물리학이 발견한 정교하게 조율된 우주 개념은 롬1:20과 시19:1의 성경적 이해와 많은 부분에서 공명하는 이론이다.

영국 옥스퍼드의 신학자 맥그래스는 『정교하게 조율된 우주』(A Fine-tuned Universe)라는 책을 저술하면서 오늘의 물리학이 발견한 정교하게 조율된 우주 개념은 신의 창조를 드러낸다고 주장했다. 이미 앞 장에서 언급한 수많은 우주상수들은 우주의 정교하게 조율됨을 나타내는 숫자들로 신의 손길을 나타내는 숫자들이다. 빅뱅 이후 10의 마이너스 43승 초라는 오늘의 물리학에서도 그 시간을 규명하는 것이 완전히 불가능한 지극히 짧은 플랑크(planck) 시간에 있었던, 우주의 정밀한 조율은 우연히 지구가 탄생했을 가능성을 거의 완벽하게 차단한다. 이 시간에 우주는 영원한 확장과 붕괴 사이의 아슬아슬한 면도날 위에 존재하고 있었다. 이때 우주 확장의 비율이 1초에 조 분의 일만큼도 아닌, 10만조 분의 일만큼만 약해도 지구는 오래 전에 붕괴되었다. 이를 연구하고 밝힌 호킹(Stephen Hawking)과 데이비스(Paul Davis) 및 다른 연구자들의 연구를 바탕으로, 윌리암 크레익(William Lane Craig)은 신의 정밀한 조율과 이에 근거한 신의 존재의 가능성을 그의 책『이성적 신앙』(*Reasonable Faith*)에서 자세히 논증하고 있다.[24]

지구가 태양의 주위를 도는 것 역시 매우 정교하게 조율되어 있다.[25] 이 놀라운 정교한 조율이 악명 높은 무신론자 안토니 플루(Antony Flew)의 무신론적 세계관을 무너뜨리고 유신론자가 되게 했다. 플루의 변화는 부흥회를 통한 마음의 변화가 아닌, 오직 이성적으로 과학적으로 합리적으로 판단한 판단의 결과였다. 플루는 자신의 변화가 오직 오늘의 과학의 발견에 대한 이성적 합리적 판단에 기초했음을 생애 마지막까지 강조했다. 지구가 태양의 주위를 도는 이 정교한 조율이 약간만 어긋나면 지구에는 생명체가 없어질 것이고, 지구 자체는 우주의 미아가 되든지 아니면 어떤 별과 충돌해서 운명을 마칠 것이다. 오늘의 수많은 유신론적 과학자들의 마음 속에는 이 정교하게 조율된 우주에 대한 사상이 존재하고 있다. 이 정교하게 조율된 우주 개념은 우주를 통해 하나님의 존재하심과 창조하심을 알게 해주는 매우 중요한 근거이다.

---

24) William L. Craig, *Reasonable Faith* (Waton: Crossway, 2008), 158-164.

25) 생애 마지막에 무신론자에서 유신론자로 전향한 유명한 철학자 안토니 플루(Antony Flew)는 그의 전향의 이성적 근거를 밝힌 『존재하는 신』(*There is A God*)에서 "자연법칙의 근원에 대한 생존할 수 있는 유일한 설명은 신의 마음" (divine Mind)이라고 밝혔다. Antoney Flew, *There is A God How the world's most notorious atheist changed his mind* (New York: HarperCollins, 2007), 121.

제4장 하나님의 창조를 암시하는
캄브리아기의 생명체 대폭발
(Cambrian explosion)[26]

캄브리아기 생명체 대폭발은 캄브리아기(약 5억 4200만 년 전부터 4억 8830만 년 전까지)에 다양한 종류의 동물 화석이 갑작스럽게 출현한 지질학적 사건을 칭하는 말이다. 이 기간 동안 대부분의 현존하는 생물 문(phylum)이 등장하였다. 캄브리아기 대폭발 이전에 존재하였던 생물 문은 해면동물(Porifera)과 자포동물(Bryozoa)뿐이었다. 그런데 중요한 것은 이 짧은 기간 동안 어떻게 그 많은 생명체가 갑자기 등장했는가 하는 문제이다.

캄브리아기의 대폭발은 다윈에게도 심각한 도전이었다. 다윈의 진화론의 가장 큰 걸림돌이 바로 이 캄브리아기의 생명체의 대폭발 사건이었다. 다윈은 이 문제를 해결하지 못하였다. 이 캄브리아기의 생명체 대폭발 사건은 도킨스의 무신론적 진화론에 심각한 상처를 줄 수 있는 사건으로 보인다. 다윈의 진화론의 오늘의 계승자로 자처하는 도킨스는 다윈이 해결하지 못한 문제를 여전히 해결하지 못하고 있는 것으로 보이기 때문이다. 캄브리아기의 대폭발은 다윈주의의 큰 걸림돌일 뿐만 아니라 다윈주의를 무너뜨릴 수도 있는 폭발적 사건으로 보인다. 왜 그러할까?

다윈이나 도킨스의 진화론은 무한히 긴 세월 동안 조금씩 조

---

26) 캄브리아기의 생명체 대폭발은 캐나다의 버제스 세일에서 발견된 것이 고전적 발견이었다. 그런데 20세기 후반에 중국 서남부 쳉지앙 근처의 마오찬산에서 엄청난 화석이 발견되었다. 이를 쳉지앙 대폭발이라 한다. 중국 서남부 쳉지앙에서의 쳉지앙 생명체 대폭발은 캐나다 버제스 세일의 생명체 대폭발을 능가하는 신다윈주의 진화론에 대한 도전이고, 신다윈주의의 위기를 의미한다. 쳉지앙에서의 생명체 대폭발은 캄브리아기에 일어난 것이었다.

금씩 일어나는 변이의 누적에 기초를 두고 있는 진화론이다. 창조론자들이 눈과 같이 복잡한 것이 어떻게 갑자기 나타날 수 있느냐를 물었을 때, 이 진화론의 답은 무한히 긴 세월의 변이의 누적은 그것을 가능하게 만든다는 것이었다. 이 도무지 알 수 없는 무한히 긴 세월이 다윈주의 진화론이 가장 강력한 도구이다. 그런데 무한히 긴 세월이 아닌 지질학적으로는 상대적으로 매우 짧은 시간에 엄청난 생명체의 대폭발이 일어난 것이다.

최근의 연구 결과에 의하면 대다수의 대폭발이 일어난 실재 기간은 캄브리아기 전체가 아닌 600만년에서 1000만년 정도인 것으로 추정되고 있다.[27] 이는 무한히 긴 세월이라는 추상적인 기간을 가정해서 변이의 누적이라는 논리를 세운 신다윈주의의 이론이 과학적으로 매우 허약한 이론이라는 것을 말해준다. 그리고 창조과학과 진화론의 논쟁의 중심 주제인 눈도 이 때 갑자기 출현했다. 얻을 수 있는 화석을 통해 연구해 보면 캄브리아기의 대폭발이 "무척추 동물의 겹눈과 척추동물의 카메라 눈을 동시에 탄생시키는 원인"[28]이었다. 진화론의 옹호론자들은 아직도 눈들이 캄브리아기 이전에 점진적으로 진화했다고 가정하지만 설득력이 없다. 왜냐하면 그 근거 화석이 없고, 그 주장은 유령가계를 불러오는 것이기 때문이다.[29]

무신론적 진화론의 이 위기를 타파하기 위해 등장한 이론이 단속평형설(Punctuated Equilibrium)이다. 이 이론은 현재 고생

---

27) Stephen C. Meyer, *Darwin's Doubt*, 이재신 역, 『다윈의 의문』(서울: 겨울나무, 2017), 111-112.

28) J. Wells, 『진화론의 상징들』, 156.

29) J. Wells, 『진화론의 상징들』, 157.

물학계에서 거의 폐기 단계에 있지만, 신다윈주의 진화론을 건져내기 위한 필사적 노력이었고, 한때는 이 이론으로 문제가 해결된다는 착각도 한 적이 있었기 때문에 소개할 필요가 있다. 한국 지구과학회에서 2009년에 출간한 지구과학 사전의 단속평형설에 대한 설명은 다음과 같다.[30]

> 단속평형설은 최근에 들어서 세계적으로 주목받고 있는 새로운 진화론으로, 고생물학이나 화석학에서 출발하고 있다. 진화론자들이 화석 기록을 보고 가장 당혹해 하는 것은 그토록 기다리던 중간형이 발견되지 않기 때문이다. 가장 확실한 증거라고 믿었던 화석에서 오히려 종과 종 간의 단절성을 인정하지 않을 수 없게 되자 학자들은 새로운 가설을 세우게 된다. 그것이 단속평형설이다. 단속평형설은 1960년대에 들어서 미국의 고생물학자 엘드리지(Niles Erdredge, 1943-)가 처음으로 주창한 학설이었는데, 1980년대에 들어서 하버드대학교의 진화생물학자인 스티븐 굴드(Stephen Jay Gould, 1941-2002) 교수에 의해 정리되어 많은 주목을 받았다. 굴드의 주장은 진화는 다윈이 생각했던 것처럼 일정한 속도로 서서히 진행되는 것이 아니라는 것이다. 단속평형설에 의하면 진화는 짧은 기간에 급격한 변화에 의해 야기되나 그 후 긴 기간이 지나도 생물에는 변화가 생기지 않는다고 얘기하고 있다. 이 이론은 다윈의 진화론의 일부를 부정하는 입장을 취하고 있다.

---

30) 지구과학 사전에 의하면 태고적부터 진화하지 않고 있는 생물체도 많다.

굴드의 단속평형설은 명백히 무한히 긴 세월 동안 조금씩 일어나고 누적되어 진화가 일어났다는 도킨스의 진화론을 심각히 파괴시키는 이론으로 보인다. 굴드의 진화론은 도킨스의 진화론의 핵심 골격을 흔드는 진화론이다. 캄브리아기의 생명체의 대폭발이라는 시가에서 보면 굴드이 진화론이 상대저으로 더 설득려이 있어 보인다. 그러나 굴드나 도킨스 모두 캄브리아기의 대폭발을 바르게 설명하는 이론을 갖고 있는 것으로 보이지 않는다.

앞에서 언급한 인류원리는 물리학적 차원에서만 유효한 원리가 아니다. 그것은 인간 탄생을 향한 생물학적 차원에서도 타당한 원리일 수밖에 없다. 왜냐하면 태초의 빅뱅이 인간 탄생을 향하고 있었기 때문이다. 맥그래스(Alister E. McGrath)에 의하면 오늘의 생물학에 상당한 변화가 나타나는데, 이 변화는 생물학 안에 목적론적 언어를 사용하는 것이 정당하다는 방향이다.[31] 마이어(Ernst Mayr)에 의하면 기존의 생물학적 논리를 사용하면서도 생물학에 목적론적 방향을 인정하는 것은 정당성을 가진다.[32]

캠브리지의 고생물학자인 모리스(Simon Conway Morris)는 진화가 가는 방향이 무한한 가능성이 있는 것이 아니고, 일정한 방향으로 수렴하고 있다고 밝혔다.[33] 모리스는 캄브리아기의 화석층인 캐나다 콜럼비아주의 록키 산맥의 혈암층(Burgess Shale)을

---

31) A. E. McGrath, *A Fine-Tuned Universe*, 박규태역, 『정교하게 조율된 우주』 (서울: 한국 기독학행회 출판부, 2014), 395.

32) E. Mayr, *Toward a New Philosophy of Biology*(Cambrige/ M.A., Harvard University Press, 1988), 44-45.

33) S. C. Morris, *Life's Solution: Inevitable Humans in a lonely Universe* (Cambrige: Cambrige University Press, 2003), 297, A, E, McGrath, 『정교하게 조율된 우주』, 400-401에서 재인용.

연구해서 세계적 명성을 얻은 학자이다.[34] 모리스는 생물학 분야에서 도킨스와는 전혀 다른 과학을 전개한 학자로, 생물학 분야에서 정교한 조율(Fine-Tuning)을 언급한 학자이다.[35] 모리스는 수렴 진화(Convergent Evolution)라는 대단히 중요한 생물진화의 개념을 밝히면서 이는 생물조직이 특별한 요구에도 동일한 해답에 이르려고 하는 반복성향이라고 밝혔다.[36]

모리스는 굴드를 심각하게 비판했는데 이는 매우 중요하다. 모리스에 의하면 진화에 있어서 우연이 한 요소일 수는 있다. 그러나 우연은 굴드가 말한 것 보다 훨씬 빈약한 역할을 한다. 진화는 적은 수의 방향을 향해 수렴하고 있다. "진화의 경로는 많지만 진화가 다다르는 종착지는 한정되어 있다."[37] 모리스에 의하면 생명체는 섬뜩하다 싶을 정도로 바른 해답에 이르는 길을 찾아내는 능력을 거듭 보여준다.[38] 생명체는 수많은 도전들에 대응해 거의 정확한 해답을 향해 가는 특이한 경향을 갖고 있다.

눈의 탄생에 대한 다윈이나 도킨스의 설명은 매우 빈약하다.

---

34) 모리스는 39세에 Royal Society의 회원이 된 탁월한 고생물학자이다. 그는 국가 과학 아카데미(National Academy of Science)에서 수여하는 The Walcott Medal(1987)을 수상했을 뿐만 아니라 그 이루에도 그의 탁월한 업적 때문에 PS Charles Schuchert Award(1989), GSL Charles Lyell Medal(1998), Trotter Prize(2007) 등의 명예로운 상을 수상했다. 그는 현재 캠브리지 대학교의 지구과학부 고생물학 교수이다.

35) Cambridge University Press에서 출간한, John D. Barrow, Stephen J. Freeland, Charles L. Harper, Jr. 등과 공동편집한 책, *Fitness of the Cosmos for Life: Biochemistry and Fine-Tuning*(2008)을 참고하라. 모리스는 도킨스와는 달리 유신론자이다.

36) A. E. McGrath, 『정교하게 조율된 우주』, 401.

37) A. E. McGrath, 『정교하게 조율된 우주』, 402.

38) A. E. McGrath, 『정교하게 조율된 우주』, 402.

왜냐하면 눈은 캄브리아기의 대폭발기에 갑자기 탄생했기 때문이다. 굴드의 진화론은 다윈이나 도킨스의 진화론의 뼈대를 허무는 이론인데 그 이유는 짧은 기간 안에 엄청난 진화가 일어난 것을 가정해야 하기 때문이다. 그런데 굴드가 주장한 이 가정은 진화론에 기초하는 한 설득력이 매우 떨어진다. 왜냐하면 우연에 의한 진화가 그렇게 빠른 속도로 또한 바른 방향으로 진화가 일어나는 것이 불가능하기 때문이다. 굴드는 그렇게 일어난 현상을 설명하고 있는 것 뿐이지, 왜 그런 빠른 진화가 일어났는지의 원인에 대해서는 제대로 된 설명을 하지 못했다. 모리스의 수렴진화론은 캄브리아기의 생명체의 대폭발에 대해 굴드에 비해서 상당히 설득력 있는 설명을 하고 있는 것으로 보인다. 그런데 진화가 수렴하도록 생명체 안에 존재하는 이 엄청난 지혜와 힘 및 목적성은 어디서 오는 것일까? 그리고 그것은 정말 생명체 안에 있는 지혜와 힘일까?

인간 중심의 우주원리와 모리스의 수렴진화론은 모두 신의 계획과 섭리를 깊은 곳까지 암시하고 있다. 하나님의 계속적 창조를 생명체의 우연적인 진화 개념으로 설명하는 것은 매우 어렵다. 하나님의 계속적 창조는 하나님께서 창조의 계획에 따라 생명체가 변화되는 환경을 만드시고 새로운 정보를 부여하고 진화의 목적으로 가는 동인을 심을 뿐만 아니라 변화를 이끌어 가는 주도적 활동도 하신다는 것을 의미한다. 태초의 빅뱅에서부터 오늘의 인류의 탄생에 이르기까지 전 과정을 이끄신 주체는 창조주 하나님이시다. 물질의 진화나 생명체의 진화는 이 하나님의 창조 사역이 외견상 드러나는 어떤 것이다.

제5장 '자연의 역사'의 주이신 하나님과 다양한 다른 주체들

I. '자연의 역사'에 주체적으로 활동하는 하나님, 인간, 피조물과 마귀 및 영적 존재들

　　과정신학은 빅뱅에서부터 오늘의 인류의 탄생에 이르기까지 전 과정 안에 하나님께서 숨어계신다는 점을 인식한 장점이 있는 신학이다. 과정신학은 창조과학에서 많이 볼 수 있는 진화론에 대한 무리한 공격을 하지 않는 점도 학문적으로 긍정성이 있다. 그러나 과정신학은 진화의 주체에 대한 인식에서 심각한 문제점을 노출하는 신학이다. 과정신학은 진화의 일차적인 주체가 자연이라고 생각하는 신학이다. 이 신학 안에는 하나님의 창조적 주도성은 발견하기 어렵다. 이 신학에서는 하나님은 물질과 자연의 변화를 끊임없이 기다리며 인내하는 하나님으로 존재할 뿐이다. 캄브리아기의 대폭발 같은 사건은 다윈주의 무신론이 답할 수 없는 것과 마찬가지로 이 과정신학 역시 제대로 된 답을 제시할 수 없다.

　　그런데 빅뱅에서부터 오늘의 인류의 탄생에 이르기까지 전 과정을 이끌어 오신 주체는 창조주 하나님이시다. 우리는 과학자들이 말하는 진화가 본질적으로 하나님의 주도에 의한 하나님의 계속적 창조 사역이라는 점을 유념할 필요가 있다. 자연의 역사의 진정한 주는 하나님이시다. 인간은 물질적으로 우연히 발생한 것이 아니고 태초부터 하나님의 계획에 의해 창조된 것이다. 생물학적인 진화는 하나님의 계속적 창조사역의 외견상 드러나는 형태일 뿐이다. 그리고 그 진화의 주체는 결코 물질이 아니다. 그 진화의 주체는 창조주 하나님이시다.

그러나 자연의 역사가 모두 하나님의 창조의 역사는 아니다. 진화의 주체가 하나님이라는 말이 진화의 모든 것이 하나님에 의해 이루어진 것이라는 말은 아니다. 진화의 과정에 우연이 존재하는 것은 피조물의 자유와 관련되어 있다. 하나님께서 진화의 과정을 이끌어 가시는 주체라 해서 피조물의 자유가 없이 녹단석으로 강요하는 방식으로 이끌어 가시지는 않는다. 피조물은 이 세계를 만들어 가는, 제한성은 있지만 또 하나의 중요한 주체이다.

온신학은 역사의 주체에 대해 폭넓은 이해를 갖고 있다.[39] 온신학은 역사의 진정한 주체는 하나님이심을 강조한다. 그러나 또 다른 주체들이 있다. 인간이 하나의 주체이고, 자연도 하나의 주체이다. 또한 마귀를 비롯한 영적인 존재들도 주체들이다. 하나님은 자유의 신이시고 자유의 신이신 하나님은 모든 피조물에 자유를 허락하셨다. 자유를 가진 인간은 자신들이 만드는 역사의 주체이다. 세계 역사의 악들은 인간이 만든 것이지 하나님께서 만드신 것은 아니다. 영적인 존재들도 자유를 갖고 있다. 세계 속에는 마귀와 악한 영들에 의한 수많은 비극들이 있다. 신약성경은 특히 마귀의 활동과 영들의 활동에 대해 자세히 계시하고 있다. 인간 이외의 모든 피조물들도 자유가 있다. 자연 역시 자유로운 존재이다. 따라서 인간의 역사만 있는 것이 아니다. 자연의 역사도 있다.

---

39) 김명용, 『온신학』(서울: 장신대출판부, 2014), 136-140.

II. 피조물의 비극과 하나님의 구원사역

폴킹혼은 자연 속에 존재하는 우발성과 비극의 가능성을 자연의 자유와 관련해서 해석했는데 그의 해석은 온신학적 이해와 매우 유사하다. 그러나 폴킹혼은 과학의 영역을 넘어서는 깊은 신학적 해석을 하고 있지는 않고 있다. 폴킹혼은 자연 속의 비극과 고통을 그리스도께서 해결하신다는 구원론을 발전시키지는 않았다. 몰트만(Jürgen Moltmann)에 의하면 그리스도는 진화의 희생물을 구원하시는 구원자이시다.[40] 그리고 이 진화의 비극과 슬픔의 배후에는 어두운 영의 세력도 존재한다. 신정론의 문제는 인간의 역사에만 있는 것이 아니다. 빅뱅으로부터 시작된 자연의 역사 속에도 심각한 신정론의 문제가 존재한다. 생명체의 멸종과 같은 비극 속에는 엄청난 신정론의 문제가 있다. 폴킹혼이 "진화는 비싼 값을 치루는 사업"[41]이라고 언급했는데 이 언급은 사실이다.

그러나 폴킹혼의 자연의 자유에 대한 해석은 매우 훌륭하지만 진화의 비극을 극복하는 우주적 그리스도론의 거대한 차원은 결여되어 있다. 자연의 비극과 진화의 희생물 속에는 깊은 영적인 차원이 있고 비극을 극복하는 하나님의 놀라운 계획이 있다. 이 문제에 대한 답은 우주의 허무를 극복하고 피조물의 허무를 극복하는 그리스도의 사역 안에 있다. "피조물이 고대하는 것은 하나님의 아들들이 나타나는 것이니 피조물이 허무한데 굴복하는 것은 자기의 뜻이 아니요, 오직 굴복하게 하시는 이로 말미암음이라 그 바라

---

40) J. Moltmann, *Der Weg Jesu Chrisi*(Gütersloh: Gütersloher Verlaghaus, 2016), 325-336.

41) J. Polkinghorne, *Theologie und Naturwissenschaft*, 106.

는 것은 피조물도 썩어짐의 종노릇한 데서 해방되어 하나님의 자녀들의 영광의 자유에 이르는 것이라"(롬8:19-21). 자연의 역사 안에 비극이 깊이 있다 해도 자연의 역사를 부정적으로, 오직 허무하게만 보면 안 된다. 그리스도의 빛에서 볼 때, 자연의 역사도 하나님 나라의 영광이 빛 속에 있다. 이사야서는 다음과 같이 언급하고 있다

> 그때에 이리가 어린 양과 함께 살며 표범이 어린 염소와 함께 누우며 송아지와 어린 사자와 살진 짐승이 함께 있어 어린 아이에게 끌리며 암소와 곰이 함께 먹으며 그것들의 새끼가 함께 엎드리며 사자가 소처럼 풀을 먹을 것이며 젖 먹는 아이가 독사의 구멍에서 장난하며 젖 뗀 아이가 독사의 굴에 손을 넣을 것이라 내 거룩한 산 모든 곳에서 해 됨도 없고 상함도 없을 것이니 이는 물이 바다를 덮음같이 여호와를 아는 지식이 세상에 충만할 것임이니라(사11:6-9)

우주적 그리스도론과 하나님 나라는 빅뱅에서부터 시작된 우주적 역사의 모든 문제에 대한 궁극적 답이다. 하나님 나라에서는 모든 피조물의 허무는 극복되고, 피조물들이 하나님의 영광에 참여하고 있을 것이다.

만일 우리가 빅뱅이 시작될 때의 우주와 오늘의 우주를 비교해 본다면, 오늘의 우주가 빅뱅이 시작될 때의 우주와는 비교가 안 될 정도로 찬란하고 아름답다는 것을 알 수 있을 것이다. 신다원주의를 신봉하는 무신론적 과학자들은 하나님 없음과 창조론을 부정하기 위하여 우주의 비극과 카오스(혼란)를 자주 언급하고 과장

한다. 그리고 우주의 허무와 무목적성을 언급한다. 자연의 역사의 주이신 하나님께서는 피조물의 자유를 억압하는 형태로의 주는 아니시다. 피조물의 자유는 우주를 아름답고 풍요롭게 만든다. 그러나 그 피조물의 자유는 우주 안에 존재하는 비극과 카오스의 한 원인이다.

하나님께서 자연의 역사의 주이시다는 말은 피조물의 자유에도 불구하고, 피조물의 자유가 만드는 비극과 카오스(혼란)에도 불구하고, 피조물의 역사 속에 작용하는 어두운 영의 활동에도 불구하고, 하나님께서 피조물의 역사를 구원하고 바른 방향으로 이끌어 가시는 주라는 말이다. 그리고 우리는 오늘의 우주를 볼 때 빅뱅 때와는 비교할 수 없는 찬란하고 아름다운 우주가 만들어졌다는 것을 알 수 있다. 우주와 피조세계에 엄청난 기적이 일어난 것이다. 하나님의 계속적 창조는 기적의 창조이고, 놀라운 아름다움과 영광의 창조이다.

놀라운 지구의 탄생[42]이나 캄브리아기의 생명체 대폭발이나 인간의 창조 같은 하나님의 창조사역과 놀라운 기적적인 일을 허물기 위해, 우주의 비극을 끌어오는 무신론자들은, 우주에 대한 객관적 설명을 하지 않고 있는 사람들이다. 최초의 우주는 수소와 헬륨밖에 없는 황량한 세계였다. 그러나 오늘의 우주는 수많은 시인들이 감탄하고, 수많은 예술가들이 노래하고, 화가들이 그림을 그리는 아름다운 세계이다. 인간이 없던 세계에 인간이 탄생하고, 수소와 헬륨으로는 상상도 할 수 없는 아름다운 사랑이 인간들의 세계를

---

42) 지구의 존재가 매우 놀랍다는 사실을 알기 위해서는 다음의 책을 참고하라. Peter D. Ward & Donald Brownlee, *Rare Earth Why Complex Life is Uncommon in the Universe* (New York: Copernicus Books, 2004).

가득 채우고 있다. 자연의 역사는 놀라운 하나님의 창조의 역사이다. 창세기 1장에서 창조하신 것을 보시고 "하나님이 보시기에 좋았다"(창1:4, 창1:31)고 언급되어져 있는 하나님의 말씀은, 오늘의 우주를 바라보면서 우리의 가슴에서 우러나오는 진정한 감정이다. 하나님께서 아름다운 우주와 놀라운 신비한 존재인 인간을 창조하신 것이다. 우주의 존재가 하나님을 가르킨다는 것은 매우 맞는 말이다.

도킨스를 비롯한 신다윈주의자들의 무신론적 생물진화론은 역사의 주체 4가지(하나님, 인간, 자연, 마귀 및 영적 존재들) 가운데 자연 주체 한 가지만 고집한 이론으로 평가할 수 있다. 즉 물질적인 축소주의(Reductionism)가 도킨스 과학의 근본 문제점이다. 그런데 이것은 축소주의의 오류일 뿐만 아니라 자연의 역사를 언급할 때 가장 먼저 언급해야 하는 창조주 하나님을 상실하고 있기 때문에 심각한 오류라고 평가해야 한다. 이런 형태의 축소주의는 자연과 인간에 대한 바른 이해를 갖는데 심각한 문제를 일으킨다. 그리고 이런 좁은 시각은 자연의 역사의 진정한 주체를 망각하는 오류를 범하기 때문에, 지구의 탄생, 캄브리아기의 생명체 대폭발 및 인간의 창조 등 자연의 역사 속에 존재하는 수많은 중요한 결정적인 기적적인 일들을 바르게 설명할 수 없다.

제6장 하나님의 계속적 창조(creatio continua)

I. 신다윈주의 이론으로는 해명되지 않는 생명체의 복잡성

2016년 세계 최고 권위의 고생물학자 및 생물학자들이 모인 영국 런던의 로얄 소사이어티(The Royal Society of London, 2016)에서 개회강연을 한 오스트리아 빈(Wien) 대학교의 이론생물학과 주임교수인 뮐러(Gerd Müller)는 신다윈주의가 처한 심각한 곤경들을 언급했는데, 우선 형태상 복잡한 것들(눈, 귀등)의 해부학상 복잡성의 기원이 전혀 설명되지 않는다고 언급했다. 신다윈주의의 돌연변이와 자연선택과 같은 이론으로 이 엄청나게 복잡한 것들을 설명하는 것은 거의 불가능하다는 뜻이었다. 뮐러는 대다수 동물의 몸 구조가 조상 없이 등장했는데, 이 조상 없이 등장한 동물들의 몸 구조의 새로움(novelty)을 설명할 길이 없다는 것이었다. 캄브리아기의 생명체의 대폭발은 신다윈주의 이론으로는 갈수록 설명이 더욱 불가능해지고 있고, 6600만년 전에 나타난 포유류의 신경계의 복잡성과 새로움은 가히 설명 자체가 불가능하다고 언급했다.

신다윈주의는 과거보다 더욱 심각한 곤경에 빠져있다. 뮐러가 언급한 이 곤경들에 대해서 당시 그곳에 참석하고 있었던 학자들 가운데 그 누구도 제대로 된 답을 하지 못했다. 시카고(Chicago)대학교의 교수 사피로(James Sapiro)는 생명체 안에 미리 프로그램(pre-programmed)되어 있는 것이 있어서, 이것에 의해 생명체가 스스로 진화한다고 주장했는데, 그 미리 프로그램 되어 있는 그 설계의 출처가 어디인지는 언급하지 못했다. 신다윈주의자들의 가장 강력한 주장은 생명체가 '스스로 조직화'(self-organizing) 하는 능력이 있어서 이것에 의해 진화가 이루어졌다는 것인데, 이 관점은 스스로 조직화 하는 능력의 출처에 대한 설명이 선결되지 않으면 성립할 수 있는 이론이 아니다.

그런데 더욱 신가한 것은 생명체가 '스스로 조직화' 하는 능력이 있어도, 그것으로 생명체의 진화를 제대로 설명할 수 없다는 데 있다. 캄브리아기의 생명체 대폭발의 경우처럼 갑작스런 폭발과 도약(jump)을 '스스로 조직화' 라는 개념으로는 설명이 안 된다는 점이다. 미시적인 변화는 과학적으로 관찰되어도, 도약이 일어나는 큰 변화는 과학적으로 관찰되지 않는다는 것도 이 이론의 심각한 한계이다. 이 한계와 불가능성을 뮐러가 언급한 것이고, 2013년 뉴욕 타임즈(New York Times)의 베스트셀러(Bestseller)였던 『다윈의 의문』(*Darwin's Doubt*)을 쓴 마이어(Stephen C. Meyer)는 이것의 불가능성을 매우 상세하게 논했다.

오늘날 분자 생물학의 발전으로 단백질 간의 바른 연결이 우연에 의해 일어날 가능성이 거의 없다는 것이 밝혀졌다. 제임스 투어(James Tour)는 이 가능성이 가장 간단한 세포의 경우에도 10의 790억 승의 1밖에 되지 안된다고 페터 톰파(Peter Tompa)와 조지 로우즈(George Rose)의 연구결과를 인용해서 강조하고 있다.[43] 브라이언 밀러(Brian Miller) 역시 단백질 분자에서의 아미노산의 연결은 책을 쓰는 것과 같은 질서정연한 정보가 필요한데 이 질서정연한 정보의 문제는 신다윈주의에 대한 심각한 도전이라고 밝혔다.[44] 20개

---

43) 이 책의 제1부를 참고하라.

44) B. Miller, "Thermodynamic Challenges to the Origin of Life", Discovery Institute(ed.), *Mystery of Life's Origin* (Seatle: Discovery Institute Press, 2020), 366.

의 서로 다른 아미노산이 질서정연하게 끝없이 바르게 연결되는 것은, 26개의 영어 알파벳이 질서정연하게 연결되는 것과 꼭 같다는 것이 브라이언의 해석이다. 책이 써지는 것이 정보를 가지고 있는 작가에 의해 써지는 것과 마찬가지로 단백질 속의 아미노산의 배열 역시 정보를 가지고 있는 그 누군가에 의해, 단백질 형성을 위해 순서대로 배열되고 있는 것이다.[45] 그렇다면 자연이나 생명체가 스스로 진화한다는 신다윈주의의 주장은 근본적으로 큰 문제를 지니고 있는 것이 아닐까? 그리고 이 본질적인 문제점을 2016년의 로얄 소사이어티의 모임이 드러내고 있는 것이 아닐까?

　　세계적으로 널리 알려진 대표적 무신론자 플루(Antony Flew)가 분자 생물학의 발전으로 밝혀진 생명체의 복잡성과, 정교하게 조율된 우주에 대한 오늘의 물리학적 발견을 깊이 숙고한 끝에 신이 존재한다고 결론 내린 사건은 매우 유명하다. 신이 없다는 책을 써서 유명해진 플루가 신이 있다는 책을 쓰고 세상을 떠난 것은 우주를 바르게 보면 답이 어떻게 나올지를 매우 많이 시사하는 사건이었다. 그의 새로운 관점이 그의 책 『존재하는 신』(*There is a God*)에 자세히 실려 있다. 2016년 영국 런던의 로얄 소사이어티에도 참석하고, 40년 이상 무신론자로 생물학을 연구했던 독일의 유명한 생물학자 귄터 베흘리(Günther Bechly)는 오늘의 생물학의 새로운 발전을 깊이 연구한 끝에 유신론자로 자신의 방향을 바꾸었다. 그는 생명체의 복잡성은 결코 신다윈주의 이론으로 설명되

---

45) 아미노산 결합의 말할 수 없는 복잡성과 우연에 의한 결합의 불가능성을 스티븐 마이어(Stephen C. Meyer) 역시 매우 자세하고 설득력 있게 논했다. Stephen C. Meyer, *Signature in the Cell*, 이재신 역, 『세포 속의 시그니처』 (서울: 겨울나무, 2016), 285-288. 마이어의 『세포 속의 시그니처』는 신다윈주의적 방식으로는 세포의 형성이 근원적으로 불가능함을 과학적으로 설파하고 논증한 매우 귀중한 책이다.

지 않음을 강조했다.

II. 유신진화론과 계속적 창조론의 차이

오늘의 양자역학의 발견과 우주적 정신에 대한 논의, 정교하게 조율된 우주에 대한 우주의 질서와 정교함에 대한 발견 및 분자생물학의 발전으로 인한 생명체의 말할 수 없이 복잡한 복잡성의 문제 등은 신의 존재를 상당 부분 암시하고 있고, 우주와 생명체의 신에 의한 창조의 가능성을 열고 있다. 물론 무신론적으로 계속 이론을 전개할 수도 있을 것이다. 그러나 연구가 깊어지면서 더욱 가깝게 다가오는 신의 손길과 능력을 부인하는 것 역시 쉽지 않을 것이다. 2005년의 도버(Dover) 재판 때문에, '방법론적 자연주의'를 절대적으로 고집하는 사람들은, 이미 심각하게 변하고 있는 세계 첨단의 생물학과 물리학의 발전을 깊이 숙고해야 한다.

그러면 유신진화론이 답일까? 피조세계 속에 존재하는 신의 손길과 능력을 인정하면서 진화의 역사를 함께 인정하는 유신진화론이 이 모든 문제에 대한 답이 아닐까? 이미 유신진화론은 떼이야르 드 샤르뎅(Teilhard de Chardin)의 고전적 유신진화론부터 오늘의 『신의 언어』(*The Language of God*)를 쓴 콜린스(Francis S. Collins)에 이르기까지 다양한 형태로 발전하고 있다. 무신론과 무신진화론은 우주의 조율된 정교함과 세포의 복잡성과 복잡한 정보의 문제에 걸려 붕괴될 가능성이 있지만, 진화가 신의 의지와 손길에 의해 이루어졌다고 보는 유신진화론이 이 문제에 대한 바른 답이 아닐까?

이 문제에 대한 답은 이미 계속 언급하고 있는 하나님의 계속적 창조이다. 창조는 태초의 창조가 있고, 계속적 창조가 있고, 종말론적 창조가 있다.[46] 진화론과 관련되는 영역은 하나님의 계속적 창조이다. 하나님의 계속적 창조의 외견상 보이는 형태가 진화일 수 있다. 무신진화론은 진화의 역사를 하나님의 창조와 연결시키지 않기 때문에 기독교의 관점으로는 받아들일 수 없다. 그러면 유신진화론은 하나님의 계속적 창조의 방법을 설명하는 이론으로 유효할까? 이 문제는 세분해서 설명해야 한다.

오늘날 유신진화론의 대표적 흐름은 과정신학에 나타난다. 소위 '열린 진화론'이라고 할 수 있는 개념인데 물질이나 생명체의 진화에 하나님께서 직접 개입하지 않는다고 보는 관점이다. 하나님은 숨어 계시고, 조용히 드러나지 않게 일하고 계실 뿐이다. 진화의 과정을 이끄는 주체는 물질이다. 이 열린 진화론은 신다윈주의의 진화론과 과학적 시각에서 볼 때 차이가 없다. 신다윈주의의 진화론을 그대로 받아들이고 있는 이론이기 때문이다. 단지 물질에 의해 진화가 이루어졌지만 그 전체를 하나님께서 숨어계셔서 함께 하셨다고 해석하자는 것뿐이다. 신학과 과학 사이의 열린 대화를 언급하는 사람들도 일반적으로 이와 같은 관점을 갖고 있다. 오늘의 유신진화론의 대표적 인물인 콜린스의 관점도 이 열린 진화의 관점이다.

그런데 '열린 진화론'은 하나님의 창조 개념이 분명치 않기 때문에 이미 언급한 것처럼 받아들이기 어렵다. 이 이론은 하나님께

---

46) '태초의 창조', '계속적 창조' 및 '종말론적 창조'의 거대한 신학적 체계의 거의 완성된 구조는 몰트만(J. Moltmann)의 『창조 안에 계신 하나님』(*Gott in der Schöpfung*, 1985)에게서 발견할 수 있다. 우주(cosmos)를 최초의 창조에서만 보아서는 안 되고, 종말론적 완성의 빛에서 보아야 한다는 중요한 신학적 체계가 이 책에서 발전되어 있다.

서 창조하셨다는 개념 보다, 모든 것이 진화되었다고 보는 개념에 가깝다. 하나님께서 숨어 계신다고 하지만 실재로 무얼하고 계시는지 매우 분명치 않은 이론이다. 이것은 창조론에 하나님이 빠지고 물질이 대신 등장하는, 그래서 물질이 천지를 창조하는 결과를 초래하는 것으로 매우 위험한 이론이다. 물질이 세상을 만들었다는 신다윈주의의 위험을 거의 그대로 안고 있는 위험한 이론이 이 이론으로 보인다.

떼이야르 드 샤르뎅의 고전적 유신진화론은 과정신학이나 열린 진화론처럼 방향성이 불분명한 진화론이 아니다. 그것은 오메가 포인트인 우주적 그리스도의 몸을 향한 분명한 목적성이 있고, 진화를 하나님의 창조로 이해하는 분명한 흐름이 있다. 오늘의 개신교의 과학과 신학 분야의 중요한 인물들인 폴킹혼(John Polkinghorne)이나 앨리스터 맥그래스(Alister McGrath)를 비롯한 상당수의 인물들의 유신진화론도 이 흐름에 속한다. 이 흐름은 진화의 과정을 하나님께서 계획하고 인도하고 계시기 때문에 '계획된 진화론'이라고 명명할 수 있다.[47]

이 '계획된 진화론'은 하나님의 계속적 창조론과 매우 근접한 위치에 있다. 만일 유신진화를 하나님의 계속적 창조의 하나의 방

---

47) 계획된 진화론의 경향을 가진 학자들은 피조물의 진화와 하나님의 창조를 날카롭게 구분하는 것을 싫어한다. 이유는 날카로운 구분이 진화 속에 존재하는 하나님의 역할을 부정하고, 진화를 인정하지 않는 길로 갈까봐 두려워하기 때문이다. 그러나 이런 날카로운 구별이 없는 두리뭉실이 하나님의 창조의 주도성과 직접성을 해치는 결과를 초래함을 유념해야 한다. 이제는 매우 날카롭게 구분해야 하는 시기가 왔다. 이를 정확하고 날카롭게 구분하지 않으면 창조론이 진화론의 종속변수가 되고, 창조론의 붕괴가 일어날 수 있기 때문이다. 일반적으로 '계획된 진화론'과 매우 가까이 있는 범재신론(panentheism)에서는 하나님의 창조의 주도성을 발견하기가 쉽지 않다. 범재신론의 '열린 진화론'의 배경이 되는 '과정신학적 범재신론'은 하나님의 창조의 주도성과 직접성을 매우 심각하게 해친다. 과정신학의 근거가 되는 과정철학이 '태초의 창조'를 부정한다는 사실도 유념할 필요가 있다. 과정신학이나 과정철학의 흐름

법으로 이해한다면, 유신진화론은 하나님의 계속적 창조론의 영역에 포함될 수는 있다.

그런데 중요한 것은 빅뱅에서부터 시작된 우주의 역사와 그 후에 등장한 생명체의 역사는 하나님의 창조의 역사이지, 진화의 역사라는 틀로 해석하면 안 된다는 점이다. 하나님께서 생명체 속에 어떤 변화의 동인을 심고, 하나님의 계획에 따라 환경을 만들고 생명체를 변화시키는 일은, 본질적으로 창조의 역사이지 진화의 역사가 아니다. 물론 물질이 스스로 변하는 과정 안에 하나님께서 영향을 미쳐서 어떤 방향으로 이끌어 갈 수 있다. 하나님의 계속적 창조는 하나님께서 주도적으로 직접적으로 창조하는 경우와 자연이 주도적으로 움직이는데 자연의 활동에 영향을 미치는 간접적인 경우로 나눌 수 있다. 후자의 경우는 하나님의 계속적 창조의 간접적인 방법이기 때문에 계속적 창조 안에 유신진화의 자리가 있을 수 있다.

그러나 유신진화론자들은 하나님께서 주도적으로 직접적으로 창조한다고 하는 경우에 대해 일반적으로 부정적이다. 하나님께서 주도적으로 창조사역을 하는 것을, 태양이 갑자기 우주에 나타나는 것과 같은 창조과학에서 볼 수 있는 관점으로 생각하고 반대한다. 또한 유신진화론자들은 구멍(gap) 메우기의 하나님을 진화

속에서는 전통적인 의미의 '하나님의 전능하심'과 '전능하신 하나님에 의한 세상의 창조' 개념이 없다. 그러나 몰트만의 삼위일체 신학적 시각에서 피조물 속에 내주하는 성령의 활동에 대한 이해는 '계속적 창조론'의 중요한 영역일 수 있다. 이 이해는 하나님의 초월과 내재가 동시에 언급되는 이론이기 때문이다. 또한 피조물 속에 내주하시는 하나님의 영을 언급하지만, 피조물과는 구분되는 영으로, 스스로 존재할 수 없는 피조물의 생명과 구원의 근원이 되는 영 개념이기 때문이다. 이 삼위일체 신학적으로 파악되는 '자연의 역사'와 '자연 안에 내주하는 하나님의 영'에 대한 이해는 바른 이해로 가는 길이다.

의 역사에 끌어들이는 것을 매우 싫어한다. 그런데 중요한 것은 놀라운 새로운 생명체가 등장할 때, 그 기적적인 모든 일들을 행하신 하나님은 구멍 메우기의 하나님으로 비판했던 그 하나님과 유사한 분이 아닐까? 하나님께서 행하신 놀라운 일에 대해 하나님께 영광을 돌리는 것이 옳은 일이지, 피조물의 놀라운 지혜와 힘을 강조하면서 피조물에 영광의 관을 씌우고, 그 뒤에서 숨어서 행하신 하나님의 업적도 인정하자는 것이 과연 바른 해석일까? 전능하신 하나님께서 피조물을 사용하셔서서 놀랍고도 새로운 일을 행하실 때, 그 하나님의 활동을 구멍 메우기의 신을 끌어들이는 것으로 비판하면서 몰아내는 것이 과연 바른 해석일까? 그 비판은 뉴턴적 과학적 세계관에 묶인 눈으로 보기 때문에 등장하는 비판이 아닐까?

　'하나님의 계속적 창조'의 역사를 진화의 역사의 종속 변수로 두면, 피조물이 거의 전능한 지혜와 창조적 능력이 있는 것 같은 주장이 필연적으로 등장하고, 19세기 자유주의 신학자들의 역사적 범신주의와 유사한 자연의 범신주의가 등장할 수 있다. 인간이 제2의 신인 것과 마찬가지로 자연이 제2의 신일 수 있다. 19세기에 하나님 대신 인간이 중요해지고 인간이 만든 역사 속에 신의 영이 숨 쉬고 있다는 사고가, 자연의 역사로 확대된 것이 유신진화론으로 보인다. 중요한 것은 계획된 진화론이라 할지라도 그것이 진화론인 이상, 천지를 창조하신 하나님의 영광을 피조물에게 옮기는 심각한 문제를 지니고 있다는 점이다. 하나님과 피조물의 질적 차이가 이 유신진화론에서는 매우 불분명해진다. 왜냐하면 모든 것을 피조물이 행하고 있기 때문이다. 자연의 역사 속에 나타나는 기적적이고 놀라운 하나님의 창조사역을 하나님의 창조사역으로 이해해야지, 하나님을 언급하는 것이 구멍 메우게의 신의 등장이라는 굴레를 씌워 쓰레기통에 집어던지면 안 된다. 인간의 역사의 진정한 주체가 인간이 아니고 하나님이신 것과 마찬가지로, 자연의 역사의 진정한 주체도 자연이 아니고 하나님이시다

하나님께서 주도적으로 직접적으로 창조한다고 해서 갑자기 태양이 하늘에 나타나는 방식으로 하시는 것은 아니다. 대개는 미시세계에서부터 엮으시고 변화시키는 일을 하실 것이다. 별들을 사용해서 핵융합이 일어나게 해서 탄소를 비롯한 무거운 화학 원소들을 만드신 것 역시 하나님의 주도적인 창조의 역사이다. 이것은 대단히 미세하게 조율해서 통제하시는 하나님의 능력이 없이는 불가능한 일이다. 중요한 것은 이것이 물질이 하는 일이 아니고 하나님께서 주도적으로 하신다는 점이다. 자연의 역사의 전 과정은 하나님께서 주도적으로 행하신 창조의 역사라는 점이다. 그런 까닭에 진화라는 표현보다는 하나님의 계속적 창조라는 표현이 진실을 나타내는 말이다. 물질 주도성을 너무 과장하면 안 된다.

'계획된 진화론'과 하나님의 계속적 창조론은 일치하지 않는다. 일치하지 않는 핵심은 하나는 진화론이고 하나는 창조론이라는 점이다. 진화론은 물질이 주체이고 창조론은 하나님께서 주체이다. 하나님께서 주체가 되어서 물질을 사용하는 것과 물질이 주체인데 그 속에서 하나님께서 강한 영향을 미치는 것은 차이가 있다. 오늘의 양자역학은 이 우주의 근원이 의식이고 정보라고 언급하고 있다. 이 우주를 만든 것이 의식이고 정보라면 물질 이전의 어떤 것이 물질을 형성시키는 근원이라고 언급하고 있는 것이다. 만약 우주적 정신을 하나님의 영으로 이해한다면, 모든 물질을 형성시킨 주체가 하나님이신 것이다. 하나님의 영에 의해 우주가 만들어지고 하나님으로부터 오는 정보를 기초로 우주가 만들어진 것이

다.

말씀을 통한 창조는 정보 개념과 깊이 관련될 수 있다. 말씀은 오늘의 과학적 개념으로는 정보로 이해될 수 있기 때문이다. 분자 생물학의 발전으로 DNA, RNA, 단백질 속에 천문학적 정보가 있다는 것을 알게 되었다. 이 천문학적 정보가 생명체를 만든 근원이다. 그 천문학적 정보는 어디서 왔을까? 최초의 생명체의 탄생부터 오늘에 이르기까지의 수많은 생명체의 탄생은 하나님의 창조이고, 하나님으로부터 오는 정보를 기초로 해서 하나님의 능력에 의해 형성된 어떤 것일 뿐이다. '계획된 진화론'은 물질이 주체적으로 활동하는데 하나님께서 그 방향을 인도한다는 개념인데, 핵심인 주체가 하나님이 아니고 물질인 것에 문제점을 지니고 있다.

물론 물질이 스스로 변화하고, 오늘의 진화론에서 언급하는 진화가 물질에 의해 부분적으로 일어날 수 있다. 이것은 많은 경우 하나님께서 물질에게 부여하신 어떤 능력과 관련이 있다. 사피로(J. Sapiro)가 언급한 '미리 프로그램 되어 있는' 어떤 것이 생명체 속에 존재할 수 있다. 피조물의 자유와 변화는 창조주 하나님께서 피조물에게 기쁨으로 부여하신 삶이다. 모든 것이 하나님에 의해 통제되고 프로그램 되어 있는 것이 아니다. 피조물의 자유를 통한 변화와 다양성 및 부분적인 진화가 있을 수 있다. 그러나 사피로(J. Sapiro)가 언급한 '미리 프로그램 되어 있는' 어떤 것이 일정한 범위를 벗어나서, 엄청난 변화를 일으킨 생명체의 진화의 원인이라고 너무 과장하면 안 된다. 과장하면 안 되는 이유는 그것을 입증할 과학적 발견이 현재까지 전혀 없기 때문이다.

진화의 과정에 나타나는 새로운 생명체의 새로움(novelyt)은 전 단계의 생명체에서 자언적으로 추론할 수 있는 것이 아니다. 그것은 전 단계의 생명체의 모든 가능한 범주를 넘어서는 완전한 새로움의 경우가 압도적으로 많기 때문이다. 이 새로움은 하나님의 계속적 창조행위와 관련되지, 물질에 의한 진화적 차원에서 설명될 수 있는 것이 아니다. 최초의 창조에서부터 오늘에 이르기까지 우주와 지구의 생명체의 역사를 이끌어 오신, 우주와 지구의 역사의 진정한 주체는 하나님이시다. 그런 까닭에 유신진화론이 아닌, 계속적 창조론이 우주와 자연 및 인간에 대한 바른 기독교 세계관이다.

제7장 다중우주론의 한계

오늘의 물리학과 생물학에 존재하는 인간 중심적 우주원리는 하나님의 존재와 창조를 상당부분 암시한다. 이는 무신론적 과학자인 호킹도 잘 인식하고 있는 내용이다. 호킹이 한동안 유신론과 무신론 사이를 방황한 것은 물리학에 존재하는 유신론적 그늘 때문이었다. 호킹에 의하면 우주의 시작을 알리는 빅뱅이론 역시 유신론의 가능성을 여는 이론이 될 수 있다. 왜냐하면 빅뱅은 빅뱅을 일으킨 원인자를 요구하고 있기 때문에 신이 요구되는 이론이다. 이는 전통적인 유신논증에서 우주론적 논증(Cosmological Argument)과 연결된다.

오늘의 무신론적 과학적 우주론은 다중우주론과 연결되어 있는 것으로 보인다. 호킹이 무신론으로 기울어진 것도 다중우주론의 가능성 때문이다. 다중우주론은 한 가지 우주론이 아니다. 다양한 다중우주론이 있다. 무한한 빅뱅이 있을 것으로 가정하는 다중우주론은 빅뱅으로 시작된 우리의 우주는 어느 시점에서 팽창을 멈추고 수축을 시작할 것이고 다시 하나의 작은 점으로 돌아가서 다시 빅뱅을 시작할 것이라는 상상이다. 현재의 어마어마한 우주가 다시 수축되어 빅뱅 때의 하나의 작은 알갱이로 돌아간다는 것은 과학적으로 상상하는 것뿐이지 그렇게 될 것이라는 객관적 근거는 없다. 또한 빅뱅을 무한히 계속할 것이라는 과학적 근거 역시 없다. 그런데 이 과학적 근거가 없는 이 이론이 무신론을 위한 근거로 자주 쓰이고 있다. 무한한 빅뱅을 가정한 이 이론은 거의 물리학자가 쓴 공상 소설에 가깝다.

어머니 우주에서 아기 우주가 생겨났다는 다중우주론도 있다.[48] 우주의 중력 작용에 의해 우주가 한쪽으로 쏠리면 아기 우주가 태어나는데, 배꼽의 탯줄 같은 통로로 두 우주가 연결되어 있다가 어느 시점에서 그 탯줄 같은 연결 통로가 단절되고 새로운 아기 우주가 탄생한다는 것이다. 이 상상에도 무한한 우주가 등장하고, 우리가 사는 우주는 무한히 많은 우주 가운데 하나일 뿐이라는 것이다. 이것 역시 하나님의 창조를 부정하기 위한 의도가 숨어 있는 우주론인데 역시 객관적 근거가 없는 사변이다. 어머니 우주, 아기 우주라는 이야기 역시 물리학자들의 사변적 사색이지 그 이상의 가치가 있는 것으로 보이지는 않는다.

　　호킹이 좋아하는 다중우주론은 초끈이론에 기초한 다중우주론이다. 호킹은 오늘의 물리학계의 정설이라고 하는 빅뱅이론에 대해 회의적이다. "빅뱅을 곧이곧대로 받아들이는 것은 옳지 않다."[49] 호킹은 우주의 시작이 있다는 것에 대해 회의적이다. 호킹에 의하면 우주의 시작 시간을 가정하는 것은 잘못이다. "만일 시간에 시작이 있다면, 열차를 출발시키는 누군가(즉, 신이) 있어야 한다."[50] 호킹은 빅뱅이론과 시간의 시작이 신의 존재를 가정하기 때문에 이에 대해 매우 부정적이었다. 호킹에 의하면 둥근 지구에서 어디가 지구의 시작인지 어디가 지구의 끝인지 알 수 없는 것과 마찬 가지로 시간과 공간이 하나가 되는 최초의 특이한 지점에서는 시간이 공간처럼 휘어질 수 있다. 그것은 우주의 경계에 대한 문제인데 이 문제를 해결하는 이론이 호킹에 의하면 초끈이론이다. 호킹은 끈

48) 이 이론에 대해 데이비스(Paul Davis)는 다음의 책에서 잘 설명하고 있다. P. Davis, *The Mind of God* (New York/London/Toronto: Simon & Sister, 1992), 70-72.

49) S. Hwaking/ L. Mlodinow, 『위대한 설계』, 163.

50) S. Hwaking/ L. Mlodinow, 『위대한 설계』, 169.

이론의 최근의 발전인 11차원의 세계를 가정한 M이론을 그의 유명한 책『위대한 설계』(The Grand Design)에서 자세히 논술하면서 다음과 같이 언급했다.[51]

> 수백년 전에 뉴턴은 지상과 하늘의 물체들이 상호작용하는 방식을 수학 방정식을 통해서 놀랍도록 정확하게 기술할 수 있음을 보여주었다. 그리하여 과학자들은 적당한 이론과 충분한 계산 능력만 있으면, 우주 전체의 미래를 알아낼 수 있을 것이라고 믿게 되었다. 그 후에 양자 세계의 불확정성, 휜 공간, 쿼크, 끈, 네 개의 차원 이외의 추가 차원들이 등장했고, 이것들에서 제각각 다른 법칙들을 지닌 우주 10^{∞}개가 귀결되었다. 우리가 알고 있는 우주는 그 무수한 우주들 중의 하나에 불과하다.

호킹에 의하면 오늘의 초끈이론의 결정판인 M이론에 따르면 10^{500}의 우주가 존재할 가능성이 있고, 우리가 사는 우주는 그 많은 우주 가운데 우연히 존재하는 우주일 뿐이라는 것이다. 그런 까닭에 우리가 사는 우주에 존재하는 정밀한 질서는 10^{500}의 가능성 가운에 우연히 나타난 것뿐이라는 것이다.

그런데 호킹은 초끈이론을 무신론을 입증하는데 사용하고 있지만, 이 초끈이론이 유신론을 입증하는데 사용할 가능성도 있다는 점을 유념할 필요가 있다. 그 가능성은 진화가 무한히 많은 가능성 가운에 특이하게도 어떤 방향을 가지고 있다는 것이 신의 계획과 섭리를 나타낸다는 것과 같은 논리이다. 초끈이론은 끈들이

---

51) S. Hawing/L. Mlodinow, 『위대한 설계』, 150.

얽히면서 수많은 나타날 수 있는 다양한 가능성을 언급하는 이론인데, 어떻게 그 많은 가능성 가운데 오늘의 우리의 우주라는 방향으로 정향되었는가 라는 질문과 연결되어 있다. 이 놀랍게 정향된 방향은 신의 섭리와 계획을 나타내는 것 라는 가정이다. 또한 다른 한편으로 초끈이론은 수학적으로 계산하는 이론인데, 우주가 발생하려면, 수학적 계산으로 우주상수가 플러스로 나와야 하는데, 이상하게 계속 마이너스로 나오는 문제도 해결해야 할 과제이다. 우주상수가 마이너스로 나오면 다중우주의 가능성은 희박해진다.

다른 우주가 존재할 수효가 10의 500승이나 되고, 우리가 사는 우주는 이 10의 500승이나 되는 수많은 우주 가운데 우연히 생겨났기 때문에, 10의 500승이라는 숫자 때문에 우리가 사는 우주의 정교하게 조율됨은 우연히 생겨날 수 있다고 생각하는 사람들은 다음의 예를 깊이 생각해야 한다. 영어 알파벳 26자로 만들 수 있는 단어와 문장은 수학적으로 계산해 보면 10의 500승 보다 더 많다. 10의 500승을 10의 500승으로 곱해도 만들 수 있는 문장의 가능성을 채우지 못한다. 그런데 우리가 헤밍웨이의 『무기여 잘 있거라』라는 소설을 읽으면 그 즉시 어떤 천재적인 작가에 의해 써진 소설이라는 것을 안다. 작가가 없이 그런 소설이 써질 수 없기 때문이다. 영어 알파벳 26자로 만들 수 있는 문장과 소설이 천문학적 가능성이 있어도 하나의 소설이 써질 때는 반드시 그 소설을 쓴 작가가 있다. 다중우주의 가능성도 마찬가지이다. 다른 우주의 가능성의 숫자인 10의 500승은 끈 이론에 기초해서 수학적으로 계산해서 나온 가능성일 뿐이다. 수학적으로 계산해서 10의 500승이나 되는 우주가 가능하다 해도 그것은 가능성에 불과한 것이고 실재하려면, 누군가에 의해 정밀하게 조율되어야 한다.

10의 500승의 가능성 가운데 혹시 몇 개의 우주는 존재할 수 있지 않을까? 물론 그렇게 상상할 수 있다. 그런데 그런 우주가 혹시 있다고 해도, 그것은 『노인과 바다』라는 헤밍웨이의 또 다른 소설이 등장한 것과 같은 것이다. 어떤 우주도 우연히 존재할 수 없다. 우리가 사는 우주와 유사한 우주가 우연히 존재하려면, 그 존재할 가능성이 10의 500승을 10의 500승으로 곱하고 또 10의 500승으로 곱한 수 분의 1의 가능성도 안 된다. 제임스 투어(James Tour)가 그의 글에서 이미 밝힌 것처럼(제1부 제2장 참조), 단순한 세포 하나의 단백질의 형성과 바른 연결을 위한 우연한 조합의 가능성은 10의 790억승 분의 1이다. 간단한 세포 하나가 우연히 존재할 가능성이 10의 790억승 분의 1이라면, 그 세포들이 모여 만들어진 이 땅에 존재하는 생명체들이 우연히 존재할 가능성은 어떻게 될까? 다중우주의 가능성이 10의 500승이라는 숫자에 사로잡혀 하나님의 창조를 알지 못하는 사람들은 생명체 하나의 우연한 발생의 가능성이 10의 500승을 월등히 능가한다는 점을 유념해야 한다. 다른 우주가 혹시 있다면 그것 역시 하나님에 의해 창조된 우주일 것이다. 우주의 우연한 발생과 생명체의 우연한 존재의 가능성은 수학적으로 불가능하다. 다중우주론과 그것에 기초한 무신론은 수학적 계산이 근거인데, 제임스 투어를 비롯한 많은 학자들은 수학적으로 신다윈주의의 우주관이 불가능하다고 판단하고 있다.

그런데 더 본질적인 문제는 초끈이론과 다중우주론이 과학적으로 입증된 이론이 아니라는 점이다. 서울대학교 교수 우종학은 다음과 같이 말했다. "이론 물리학의 영역이라고 할 수 있는 초끈이론이라든가, M이론이라든가, 혹은 다중우주와 같은 다양한 시

나리오들이 제시되고 있지만 이런 설명들은 빅뱅 자체의 기원을 설명하는 엄밀한 과학이라고 말하기 어렵다. 왜냐하면 이 이론들을 입증할 수 있는 경험적인 증거들이 아직 나오지 않았고, 이론적인 면에서도 완성된 이론이라고 보기 어렵기 때문이다."[52] 다중우주론은 아직 객관적 과학적 이론이 아니다. 오늘날 많은 물리학자들이 연구를 하고 있지만 아직 공식적으로 입증된 것은 없고, 수많은 가설만 난무하고 있다. 상당히 많은 경우에는 물리학자들의 사변과 관련이 있는 경우가 많다. 그리고 그 사변의 배후에는 무신론을 입증하고자 하는 무신론적 과학자들의 의지가 들어 있는 경우가 많은 것으로 폴킹혼은 추정하고 있다.[53]

온신학은 물리학자들의 사변은 참고는 하지만, 본격적인 의미에서의 신학적 대화의 대상으로 생각지 않는다. 2009년 진화와 창조에 관한 매우 가치 있는 책을 쓴 독일의 신학자 케슬러(Hans Kessler)는 다중우주론은 "완전한 사변"(reine Spekulation)이라고 선언했다.[54] 케슬러 역시 이 사변 배후에는 무신론적 형이상학이 들어 있다는 것을 정확히 알고 있었다. 물론 완전한 사변이라는 말은 지나친 표현일 수 있다. 왜냐하면 무언가 근거가 있는 까닭에 연구하고 있기 때문이다.[55] 그러나 현재까지 밝혀진 객관적인 과학은 다중우주론이 아니다. 우주의 시작을 얘기하는 빅뱅이론이

---

52) 우종학, 『과학시대의 도전과 기독교의 응답』(서울: 새물결플러스, 2017), 145-146.

53) 폴킹혼은 도킨스가 다중우주론으로, 하나님의 존재와 정교한 조율 및 창조를 부정하는 것에 대해 비판했다. 폴킹혼은 도킨스 논지의 과학적 오류를 잘 지적했다. J. Polkinghorne/ N. Beale, *Questions of Truth*, 45-50.

54) H. Kessler, *Evolution und Schöpfung in neuer Sicht*(München: topos plus, 2017), 110.

55) 물리학자들의 다중우주에 대한 사변을 기초로 신학적 사변을 하면, 다중우주는 천국이나 보이지 않는 영원의 세계일 수 있다. 우리가 사는 우주가 어떤 다른 우주에 의해

현재까지의 물리학계의 정설이다. 이 정설에 기초해서 신학적 답을 얘기하면 빅뱅의 근원으로서의 하나님은 과학적으로 입증할 수 있는 것은 아니지만, 호킹이 이미 수긍한 것처럼, 하나님의 존재의 가능성은 매우 설득력 있는 주장이 될 수 있다. 우리는 입증되지 않는 다중우주론이라는 가설로 무신론이라는 결론에 성급하게 도달하면 안 된다.[56)]

싸여 있다는 오늘의 물리학자들의 상상은 우리가 사는 세계가 영원에 의해 싸여 있는 것을 연상케 한다. 예수님의 부활은 다른 차원의 세계에 대한 계시이다. 시공을 초월하는 예수님의 몸은 4차원의 세계의 틀로서는 이해가 어렵다. 어쩌면 하나님 나라의 10차원이나 11차원의 세계가 계시된 사건일 수 있다. 오늘의 물리학자들이 보이지 않는 세계의 경계에 부딪히면서, 숨은 차원(Hidden Dimension)을 언급하고, 10차원이나 11차원의 세계를 언급하는 것은 아닐까?

56) 다중우주론이 입증된다 해도 무신론이라는 결론은 성급하다. 폴킹혼에 의하면 다중우주론은 유신논증 가운데 우주의 시작과 관련이 있는 논증인 우주론적 논증의 가능성에 이의를 제기하는 것뿐이다. 목적론적 논증이나 존재론적 논증은 여전히 유효하다. 폴킹혼은 기독교 신학이 우주론적 논증 보다는 존재론적 논증에 신학적 무게를 두는 것이 좋겠다는 의견을 피력하고 있다. 폴킹혼에 의하면 다중우주가 있다 해도 그 다중우주가 존재할 수 있는 근원은 하나님이시다. 그 어마어마한 다중우주가 저절로 존재할 수 없기 때문이다. 무한한 다중우주라 해도 그 존재론적 기원에 대한 질문은 피할 수 없기 때문이다. 폴킹혼의 이와 같은 입장은 존재론적 논증이다.

제8장 모든 존재의 존재론적(ontological) 근원이신 야웨(YHWH) 하나님

하나님의 이름인 야웨는 출3:14에는 "스스로 있는 자"(I am that I am)로 번역되어 있으나, 야웨라는 이름의 정확한 의미는 "존재를 존재하게 하는 자"(cause to be)라는 의미이다. 이 의미는 매우 중요하다. 하나님께서 어떤 분이신지가 그분의 이름 속에 정확하게 계시되어 있기 때문이다. 야웨는 세상의 모든 존재를 존재하게 만드신 분이시다.[57] 다중우주가 있다 해도 그 다중우주를 존재하게 만드신 분이 하나님이시다. 폴킹혼이나 데이비스가 유신논증에서 우주론적 논증보다는 존재론적(ontological) 논증과 목적론적(teleological) 논증을 기초로 하는 것이 바람직하다고 밝힌 것은 상당히 의미가 있다. 야웨 하나님이라는 이름의 계시는 모든 존재의 근원이 하나님이라는 것을 밝히는 것으로 존재론적 논증과 깊이 관계된 하나님의 이름의 계시이다.

우주에 존재하는 힘들이나 자연법칙들은 어디서 왔을까? 그 모든 힘들과 자연법칙들의 근원은 야웨 하나님이시다. 자연법칙들은 그것을 유지하는 힘이 없이는 존재하지 못한다. 야웨 하나님께서 이 모든 질서를 유지하는 힘의 근거이시다. 야웨 하나님께서 이 질서를 유지하시는 것은 과학적 기계론과 관련된 것이 아니고, 하

---

57) 야웨께서 모든 존재의 존재론적 근거라는 말은 모든 존재의 삶도 야웨께 전적으로 의존되어 있다는 뜻이다. 이것은 구약 성경이 강조하는 핵심 개념이다. 참고하라. Bernhard W. Anderson, *From Creation to New Creation* (Minneapolis: Fortress Press, 1994), 7. 야웨의 의미가 "존재를 존재하게 하는 자"(cause to be) 라는 연구도 이 책에 잘 기술되어 있다. 인간 뿐만 아니라 하늘과 땅과 바다가 모두 하나님께 그 근거를 갖고 있고, 세상은 스스로 존재할 수 없다는 구약 성경의 창조 개념을 앤더슨은 잘 설명하고 있다.

나님의 신실성과 관계되어 있다.[58] 우주 및 생명체 진화의 과정마다 나타나는 놀라운 새로움(novelty)은 어디서 왔을까? 그 새로움의 근원은 야웨 하나님이시다. 물질에서 최초의 생명체가 탄생한 근원도, 캄브리아기의 생명체 대폭발의 근원도, 포유류의 복잡한 신경계의 근원도, 인간의 영혼의 근원노 야웨 하나님이시다. 중국 서남부의 쳉지앙의 마오찬산에서 카나다의 버제스 세일을 능가하는 캄브리아기의 화석이 대규모로 발견되고, 이를 해식한 중국의 첸(J. Y. Chen) 교수가 신다윈주의의 진화계통수에 대해 근본적으로 회의를 피력하고, 신다윈주의를 비판했을 때, 미국의 신다윈주의자들은 그의 비판에 귀를 기울이려 하지 않았다. 그들은 끝까지 자신들의 도그마를 지키기를 원했다. 어쩌면 지금도 그 도그마를 지키기 위해 힘든 노력을 하고 있을 것이다.

캄브리아기의 화석 몇 개만으로도 신다윈주의 진화론은 지탱하기 쉽지 않다. 그런데 중국에서 대량으로 출토된 캄브리아기의 화석은 신다윈주의의 근원을 파괴시키고 있다. 첸 교수에 의하면, 발견된 화석이 말하는 과학적 증거는 신다윈주의를 지탱하는 기둥 같은 주장인 작고 단순한 생명체에서 복잡한 생명체로의 점진적 진화가 아니었다. 그와 같은 진화 계통수는 존재하지 않았다. 오히려 모든 것을 갖춘 생명체가 갑자기 대량으로 등장한 것으로, 진

---

58) 이것은 뉴턴적 세계관과 오늘의 양자역학의 세계관의 갈등과 마찰을 이해하는데 매우 중요하다. 달이 하늘에 떠 있는 것은 뉴턴적 세계관에 의하면 중력과 같은 힘의 균형에 의해 객관적으로 존재한다. 이것은 과학적 관점에서 해석하는 것이다. 그러나 오늘의 양자역학은 모든 존재의 근원에는 의식과 정보가 있다고 생각하고 있다. 달이 하늘에 떠 있는 궁극적 근원은 무엇일까? 그것은 하나님의 의식이고 하나님의 신실성이다. 하나님 없이 달의 존재를 해석하는 것은, 오늘의 양사역학이 밝힌 과학적 시각에서 보면 매우 어렵다.

화계통수를 거꾸로 되집어야 한다는 것이 첸 교수의 주장이었다.[59] 물론 첸 교수가 중국의 캄브리아기의 화석에서 하나님을 발견한 것은 아니지만, 우리는 세계적으로 대량으로 출토된 캄브리아기의 생명체 대폭발의 근원이 야웨 하나님일 것으로 추론한다.

이 우주는 물질 이전에 엄청난 정보와 엄청난 힘으로 가득차 있다. 이 엄청난 정보와 힘이 모든 것을 만든 근원이다. 그런데 이 엄청난 정보와 힘의 근원은 야웨 하나님이시다. 침팬지나 혹은 침팬지와 비슷한 어떤 것이 자연적으로 진화해서 인간이 된 것이 아니다. 인간의 탄생은 영원 전부터 계획하신 하나님의 계획 속에 있었고, 이 영원한 계획이 지구라는 우주의 한 별에서 이루어진 것이다. 지구의 존재의 근원도 하나님이시고, 인간의 존재의 근원도 하나님이시다.

야웨 하나님께서 존재를 존재케 하는 방법은 다양하다. 긴 시간을 통해 천천히 존재하게 하실 수도 있고, 짧은 시간에 빨리 존재하게 하실 수도 있다. 짧은 시간에 빨리 존재하게 하신 것들은 모두 신다윈주의 진화론의 걸림돌이자 미궁일 것이다. 또한 미시세계에서부터 쿼크나 렙톤과 같은 작은 물질들이 모여지고 형성되게 하여 어떤 존재를 만들 수도 있고, 이미 존재하는 사물이나 생명체를 사용해서 또 다른 새로운 어떤 것을 만들 수도 있다. 중요한 것은 모든 존재하는 것의 존재론적 근원은 하나님이시고, 신다윈주의자들이 진화라고 일반적으로 설명하고 있는 것들의 참된 바른

---

59) 첸(J. Y. Chen) 교수는 시애틀(Seatle)의 워싱턴(Washington) 대학 강연에서 진화 계통수를 거꾸로 뒤집어야 함을 강조하면서 "중국에서는 정부 비판은 안 되지만 다윈은 비판할 수 있다. 미국에서 당신들은 정부는 비판할 수 있지만, 다윈은 비판할 수 없다"라고 말하면서 맹목적으로 다윈의 진화론을 절대시하는 미국의 과학적 풍토를 비판했다. Stephen C. Meyer, *Darwin's Doubt*, 이재신 역, 『다윈의 의문』 (서울: 겨울나무, 2017), 86.

설명은 하나님의 계속적 창조라는 사실이다.

결언

무신론적 진화론은 과학을 대표하는 것으로 일반적으로 알고 있지만, 과학 안에서도 점차 주도적인 위치를 잃고 있는 것으로 보인다. 우주와 지구의 생명체의 진화과정이 우연이나 긴 세월 동안의 누적적 변화에 기인한다는 이 진화론은, 정교하게 조율된 우주 및 우주상수의 문제나 캄브리아기의 대폭발, 그리고 오늘의 분자생물학의 세포의 복잡성과 엄청난 정보와 같은 매우 중요한 문제를 제대로 해명하지 못하는 것으로 보인다. 오히려 오늘의 물리학과 생물학이 밝힌 우주와 생명체 속에 목적성이 존재하고 있다는 사실은 창조와 진화와의 관계에 새로운 차원을 열고 있는 것으로 보인다. 이것은 진화가 하나님의 창조일 수 있는 가능성을 여는 일이기 때문에 매우 중요하다.

최근에 급속도로 발전한 양자역학은 물질 이전에 의식이나 정보가 우주의 근원일 가능성을 열고 있다. 우주적 정신이 우주의 근원이라면, 그 우주적 정신은 케이스(Ward Keith)가 언급한대로 하나님과 관련될 가능성이 높다.[60] 우주 안에 존재하는 어마어마한 정보가 하나님으로부터 온 정보라면, 그리고 이 정보에 의해 우주가 형성되었다면, 우주의 정교하게 조율됨은 신의 의지와 관련해서 매우 과학적으로 설명이 된다. 생명의 탄생과 생명체 진화의 단계마다 존재하는 새로움과 어마어마한 새로운 정보의 출처도 하나님의 계속적 창조와 관련해서 과학적으로 설명이 가능하다. 우주와 지구 안에 존재하는 인간 중심적 우주원리는 인간창조와 그리

---

60) 제1부의 내용을 참고하라. 이 글은 제1부와 연결되어 있는 글이다.

스도의 성육신과 연결되는 과학이론으로, 신학과 과학이 매우 깊이 공명할 가능성을 열고 있다.

진화론은 물질이 세상을 창조했다는 이론이다. 유신진화론은 물질이 모든 것을 만들었는데 그 안에 하나님이 숨어 있었다는 이론이다. 그 속에 숨이 있는 하나님의 억할이 어떠했느냐에 따라 열린 진화론이나 계획된 진화론 등으로 나눌 수는 있다. 그러나 물질이 모든 것을 만들었다는 기본 전제는 변함이 없다. 온신학은 물질이 세상을 창조한 것이 아니고 하나님께서 세상을 창조했다는 것을 강조하는 신학이다. 빅뱅에서부터 오늘에 이르기까지의 전 우주와 자연의 역사를 이끄신 주체는 하나님이고, 하나님의 창조사역이다. 과학자들이 언급하는 진화론은 하나님의 계속적 창조행위와 관련된 이론이다. 우주와 자연의 역사 속에 신이나 형이상학적인 존재의 개입이 있을 수 없다는 전제에서 출발하면, 발견할 수 있는 것은 물질에 근거한 진화론뿐일 것이다. 그러나 오늘의 양자역학이 밝힌 물질 이전에 존재하는 의식과 정보 및 우주적 정신의 문제는 지금까지의 과학적 전제가 유효하지 않다는 것을 입증하고 있다. 우주의 정교하게 조율됨 및 우주상수들, 인간중심의 우주원리 및 DNA, RNA, 단백질 등에 존재하는 엄청난 정보의 출처 등은 하나님의 창조의 손길을 깊이 암시하고 있다. 우주는 시작부터 하나님께서 창조하셨고, 우주의 질서와 정교하게 조율됨 역시 하나님에 의해 정교하게 만들어진 질서이다. 물질이 어떻게 스스로 그렇게 놀랍고 정교하게 조율될 수 있단 말인가! 이것은 한 살된 아이가 바흐(Johann Sebastian Bach), 베토벤(Ludwig van Beethoven), 모차르트(Wolfgang Amadeus Mozart)의 곡들을 황홀하고 성교하게 연주했다는 것과 같은 진실을 가리는 비과학적 말이다. 생명체의 시작도 하나님에 의해 창조된 것이고, 인간의 창조 역시 하나님에 의해 창조된 것이다. 하나님의 창조는 태초의 창조가 있고, 계속적 창조가 있고, 종말론적 창조가 있다. 온신학은 세상이 진화되었다고 주장하는 신학이 아니고 창조되었다고 주장하는 신학이다. 진화론은 하나님의 계속적 창조에서 하나님을 제외했기 때문에 나타난, 매우 결함이 많은 이론일 뿐이다.

『온신학』 독일어 번역 출간 (독일 Hamburg 대학교, 2019)을 기념하는 기념 강연

∎

제1강연

토론되고 있는 온신학 (Ohn Theologie in der Diskussion)

– 위르겐 몰트만(Jürgen Moltmann) 교수 (독일 Tübingen 대학교)

제2강연

김명용 교수의 온신학의 미래를 위하여 (Zur Zukunft der Ohn Theologie von Professor Myung Yong Kim)

– 미하엘 벨커(Michael Welker) 교수 (독일 Heidelberg 대학교)

제 1 강연

토론되고 있는 온신학
(Ohn-Theologie in der Diskussion)

– 위트겐 몰트만(Jürgen Moltmann) 교수
(독일 Tübigen 대학교)

Ohn-Theologie in der Diskussion

Jürgen Moltmann

Vorwort

Ich bin stolz, dass ich der "Doktorvater" von Rev. Kim, Myung-Yong. So begrüße ich seine kreative OHN-Theologie von ganzem Herzen. Sie ist eine Frucht von Dr. Kims Theologie in Korea in der "Presbyterian Church of Korea" (PCK) als Professor und als Präsident an dem berühmten Presbyterian Theological Seminary and University, am meisten aber ist sie eine Frucht seiner Predigen.

In Deutschland ist es das höchste Lob, dass man mit einem neuen theologischen Ansatz "umstritten" wird! Ich habe mehrere Male erlebt. Ich bedaure, dass Dr. Uta Andrée aus Hamburg nicht kommen konnte. Sie hatte eine theologische Kritik an der OHN-Theologie. Ich setze mich kritisch mit ihrer Kritik an der OHN-Theologie auseinander.

1. Der koreanische Kontext der OHN-Theologie

Im Vergleich mit Deutschland tritt der koreanische Kontext besonders deutlich hervor. Ich rufe damit nur in Erinnerung, was jeder kennt.

– In Korea sind die christlichen Kirchen Freikirchen, in Deutschland Landeskirchen.

– In Korea sind Gemeinden freiwillige Gemeinschaften, in Deutschland haben wir Parochien.

– In Korea sind die Kirchen missionarische Kirchen mit hauptamtlichen Missionaren, meistens Frauen(warum?), und mit church-growth-Programmen, in Deutschland sind die Landeskirchen mit ihrem Bestand befriedigt und betreiben Mission nur in anderen Ländern. Sie wachsen auch nicht, sondern nehmen an Mitgliedern ab.

– Theologie wird in Deutschland an staatlichen Universitäten gelehrt, weil der Landesherr für die Landesreligion oder -konfession verantwortlich war, und so ist es auch nach Abschaffung der Staatsreligion 1919 geblieben.

In Korea gibt es christliche Theologie nur an kirchlichen Seminaren oder Privatuniversitäten wie Yonsei und Ewha. Inzwischen sie die kirchlichen Seminare zu Privatuniversitäten entwickelt worden. Aber die Theologie ist auf die Kirchen angewiesen.

– In Deutschland ist die Christenheit noch die Mehrheit der Bevölkerung, in Korea ist sie eine bedeutende Minderheit in einer konfuzianisch-buddhistischen Mehrheitskultur.

– In Deutschland muss ich die christliche Mehrheit mit der muslimischen Minderheit von 5% zusammensetzen. Dazu hilft die "Theorie des religiösen Pluralismus". Aber diese hilft nicht im interreligiösen Dialog, denn sie ist nicht religiös, sondern metareligiös. Zu einem echten Dialog hilft nur die eigene Überzeugung und der eigene Glaube mit dem vollen Evangelium, denn diese nehmen das Gegenüber ernst. Der interreligiöse Dialog ist eine andere Form von Mission, wenn er nicht religionswissenschaftlich, sondern theologisch geführt wird.

Kurz: Unsere alten Kirchen in Europa waren konstantinische Reichsreligionen und hatten ein "Heiliges Reich" zu ihrem Schutz. Die neuen nichtkonstantinischen Minderheitskirchen in Asien und Afrika haben nur den Hl. Geist. Darum sagt Kim, Myung-Yong, dass sie "betende Kirchen" sind und "pneumatologische Kirchen" : Kirchen in der Kraft des Geistes.

2. Abgrenzung oder Integration oder ein neues Ganzes?

Professor Kim hat die OHN-Theologie als Nachfolgerin der TongJun-Theologie seines Vorgängers, des Präsidenten Jong Sung Rhee, den ich seit 1975 gut kannte. Er betonte die Souveränität Gottes und die Universalität seiner Herrschaft auf gut calvinistische Weise, er kam mir wie der "koreanische Karl Barth" vor. Das Bekenntnis der PCK von 1998 spricht von der "Verkündigung des Evangeliums von Jesus Christus und der Verwirklichung des Reiches Gottes". OHN-Theologie knüpft daran an und will als Theologie der PCK "Theologie der ganzen Kirche Christi" sein und richtet sich mit der Mission des Evangeliums und der "Verwirklichung des Reiches Gottes" an die ganze Welt. Die "Verwirklichung" heißt "Zeichen des Reiches Gottes in der ganzen Welt zu entdecken und zu setzen". Das ist auch meine theologische Überzeugung. Missionarische und politische Theologie sind kein Gegensatz.

Jede christliche Theologie sucht nach "Vollkommenheit", nicht nur die OHN-Theologie, aber erst wenn der Vollmond aufgegangen ist, sind die Nächte der Halbmonde vergangen. Prof. Kim hat dieses Bild mit dem Mond gebraucht. Es erinnert die Deutschen an das Abendlied von Mathias Claudius:

"Seht ihr den Mond dort stehn:

Er ist nur halb zu sehn

Und ist doch rund schön".

Ein halber Mond ist auch ein Mond, rund und schön. Seine Halbheit kommt uns nur so vor, weil "unsere Augen sie – die Ganzheit – "nicht sehn". Theologisch leben unter halbem Monde und glauben an den vollen Mond, den unsere Augen erst in der Erscheinung der Herrlichkeit Christo sehen.

Ist es für den Ganzheitsanspruch der OHN-Theologie nicht besser, sich das Licht der "halben Monde" anzueignen, statt ihre Schatten zu beklagen? Die halben Monde weisen auch auf den vollen Mond hin.

In Teil 2 seiner OHN-Theologie führt und Prof. Kim durch 130 Jahre Theologiegeschichte in Korea. Seine OHN-Theologie versucht, die Wahrelemente der verschiedenen Theologien zusammenzufassen.

Da ist zuerst die fundamentalistische Theologie von Hyung Ryong Park, die ganz auf die Rettung der Seele im Himmel ausgerichtet ist. Ihre Politische Theologie ist der bekennende Antikommunismus, den der Amerikaner Carl McIntire (CIA) in Taiwan und Korea unter den evangelischen Kirchen verbreitete. Prof. Kim beklagt, dass seine Anhänger die Militärdiktaturen in Südkorea unterstützen und kein Verständnis für den Widerstand des Volkes und die

Demokratie aufgebraucht hätten. Ich war 1985 bei einem Versöhnungsgespräch zwischen den fundamentalistischen und den Minjung-Theologen in der Christlichen Akademie dabei, aber es gab keine Versöhnung, nicht einmal Anerkennung.

Die Minjung-Theologie von Suh Nam Dong und Ahn, Byung-Mu machte die Theologie in Korea weltbekannt, aber sie spielte in den Kirchen in Korea eine nur begrenzte Rolle, außer PROK und Hanshin Univesity. Ich kannte beide sehr gut und habe mit der Gruppe einmal im Keller von David Shu diskutiert. Die Minjung-Theologie ist nicht aus der lateinamerikanischen Befreiungstheologie hervorgegangen, sondern aus Prof. Ahns Heidelberger Dissertation über " Jesus und Ochlos in den synoptischen Evangelien". Wie einst bei Luther machte eine exegetische Entdeckung Geschichte. Ahn identifizierte das biblische Ochlos mit dem unterdrückten, ausgebeuteten und kranken Volk - minjung in Korea, völlig zu Recht, wie ich denke. Prof. Ahn wollte keine allumfassende Systematische Theologie schreiben, sondern eine christologische Perspektive des minjung auf Jesus und Jesu auf sein Volk, ochlos oder minjung, ausarbeiten. Er wollte, um es den Worten der OHN-Theologie zu sagen, ein " Zeichen des Reiches Gottes" in der ungerechten Welt von Korea in seiner Zeit aufrichten.

Die Theologie des "dreifachen Segens" von dem Pfingstprediger Yonggi Cho, den ich besuche, wenn immer ich nach Korea kommen, wurde 2005 durch eine Erklärung Chos erweitert: Er bereute, seine Predigt bisher nur auf das individuelle Heil ausgerichtet zu haben, und verkündete das "Jahr des Sozialheils und des Naturheils". Seitdem organisiert der Schüler von Prof. Ahn, Rev. Park, Jong-Wha, einst Generalsekretär der widerständigen PROK, das soziale Engagement der Yoido Church, die damit zu einer "Full Gospel Church" geworden ist.

3. Anspruch der OHN-Theologie auf Vollkommenheit

Jong Sung Rhee hat mit seiner TongJun-Theologie versucht, möglichst viele Theologien zu integrieren. "Das Ganze aber ist mehr als die Summe der Teile", darum will die neue OHN-Theologie ein neues Organisationsprinzip für eine vollkommene und universale Christliche Theologie bieten. Das verbirgt sich hinter dem Rätselwort OHN, welches "das Ganze" oder "das Leben" hei ß en kann.

Jede Christliche Theologe hat den Anspruch auf Vollkommenheit und Universalität, denn das Christentum ist keine Stammesreligion, sondern Gottes Offenbarung an die Menschheit auf Erden. Darum können wir die Christliche Theologie verstehen, die aus ganz anderen zeitlichen, räumlichen und kulturellen Kontexten entwickelt worden ist. Es gibt keine "deutsche Theologie", das war der Irrtum und die Häresie der "Deutschen Christen". Es gibt nur Christliche Theologie in Deutschland oder in Korea. Darum können Koreaner in Tübingen oder Heidelberg oder Hamburg studieren, und wir heute Minjung- und OHN-Theologie diskutieren.

OHN-Theologie stellt "die Ganzheitlichkeit europäischer Theologie in Frage" (39), weil wir zu sehr in den Kategorien der aufgeklärten Vernunft denken und die ganzheitliche Geistkraft Gottes in der menschlich Geschichte nicht erkennen. Wir können tatsächlich nicht mehr so direkt von Wunder des Heiligen Geistes und von den bösen Taten des Teufels reden, wie Luther vom "altbösen Feind" sprach. Nachdem die wissenschaftlich-technische Vernunft auch in Korea Einzug gehalten hat, sind wir gespannt, wie die Christliche Theologie in Korea die ganzheitlichen Wirken Gottes denkt und zur Sprache bringt. Wir sind bereit zu lernen.

OHN-Theologie beklagt, dass die Theologie in Europa zwar christozentristisch ist, aber keine Kriterien entwickelt hat, um den Heiligen Geist angemessen zur Sprache zu bringen. Das ist richtig. Weltweit arbeiten Theologen an einer weiten Pneumatologie, die die ganze Schöpfung umfasst. Für das Wechselverhältnis zwischen Pneumatologie und Christologie – diese beiden Hände Gottes des Vaters – muss aber in der Trinitätslehre das "Filioque" aus der westlichen Form des Nizänums aufgelöst werden, denn diese Formel bindet die Pneumatologie einseitig an die Christologie und nicht die Christologie auch an die Pneumatologie. Die Epiklesis des Heiligen Geistes — "Komm, Heiliger Geist⋯" und das "Maranatha" — Komm, Herr Jesus"entsprechen einander." Die Geistkraft "haben feministische Theologinnen den Heiligen Geist genannt, um die weibliche Form der hebräischen ru' ach wiederzugeben. Ich wünsche Ihnen, dass Ihnen die ausführliche Pneumatologie gelingt. Wir sind bereit, von Ihnen zu lernen.

Der weite Rahmen der OHN—Theologie muss ausgearbeitet und mit Leben erfüllt werden. Es müssen ja nicht 10.000 Seiten werden wie Karl Barth. Ein Halbmond genügt, um den vollen und runden Mond glaubhaft zu machen.

토론되고 있는 온신학

위르겐 몰트만(Jürgen Moltmann)

서론

먼저 나는 김명용 박사의 "지도교수" 임에 강한 자부심을 느낍니다. 그래서 김명용 박사의 창의적인 『온신학』을 전심으로 환영합니다. 온신학은 유명한 장로회신학대학교의 교수이자 총장으로서 김명용 박사가 한국의 "대한예수교장로회(통합)" 교회 속에서 이룬 신학적 결실입니다. 그러나 이는 또한 그가 한 설교들의 결실이기도 합니다.

독일에서는 신학자가 하나의 새로운 신학적 출발을 제시함으로써 "논쟁"이 되는 것을 가장 영광으로 생각합니다! 나도 여러 번 경험하였습니다. 이 책의 독일어 번역자인 우타 안드레(Uta

Andrée) 박사가 여기에 참석하지 못했다는 사실이 매우 아쉽습니다. 안드레 박사는 온신학에 신학적인 비판을 제기하였습니다. 저는 오늘 이 자리에서 그녀가 온신학에 가했던 비판에 대하여 비판적으로 논쟁하고자 합니다.

1. 온신학의 한국적 컨텍스트

독일과 비교하여 볼 때 한국의 상황은 특별히 다른 점이 있습니다. 누구나 알고 있는 그 차이점들을 열거해 보겠습니다.

– 한국에서 그리스도 교회는 자유교회인 반면에 독일의 교회는 국가교회입니다.

– 한국에서 교회 공동체들은 자의로 모인 공동체들이지만 독일의 교회들은 교구제입니다.

– 한국에서 교회들은 전임 선교사들이 있는, 그리고 교회–성장–프로그램을 가진 선교적 교회들인 반면에, 독일의 국가교회들은 자신의 현실에 만족하고 있으며 오직 타국에서만 선교활동을 하고 있습니다. 독일의 교회는 성장하지 않으며, 오히려 교인들을 잃어가고 있습니다.

– 독일에서 신학은 국립대학들에서 가르치고 있습니다. 왜냐하면 지방 영주가 자신의 지방종교와 지역종파에 책임이 있기 때문입니다. 이러한 상황은 1919년 국가종교의 폐지 이후에도 그대로 남아 있습니다. 그런 반면에 한국에서는 기독교 신학을 연세대학교나 이화여대와 같은 사립대학들 또는 교단 신학교들에서만 가르

치고 있습니다. 요즘에는 교단 신학교들이 사립대학들로 발전해 가고 있습니다. 그러나 신학은 교단의 통제를 강하게 받고 있습니다.

　- 독일에서 기독교는 여전히 국민의 다수를 차지하고 있는 반면에, 한국에서 기독교는 다수를 차지하는 유교와 불교에 비하여 뚜렷한 소수를 차지하고 있습니다.

종합: 유럽에서 우리의 오래된 교회는 콘스탄틴 대제의 제국 교회였으며 "신성 제국"의 보호를 받아 왔습니다. 아시아와 아프리카의 새로운 소수 교회들은 콘스탄틴 대제의 보호는 받지 못하지만 오직 성령의 보호를 받고 있습니다. 그러기에 김명용 박사는 한국의 교회는 "기도하는 교회"이며 "성령론적 교회"라고 말합니다. 즉, 성령의 능력 안에 있는 교회라고 말합니다.

2. 차별인가 아니면 통합인가 아니면 새로운 온전함인가?

김명용 교수는 온신학을 가리켜 자신의 선배였던 이종성 박사의 "통전적 신학"을 이어받은 것이라고 말합니다. 이종성 박사는 제가 1975년 이후 잘 알고 지내던 분입니다. 이종성 박사는 칼빈의 방식으로 하나님의 주권을 강조하였고 하나님의 통치의 보편성을 강조하였습니다. 이종성 박사는 나에게 마치 "한국의 칼 바르트"처럼 다가왔습니다. 1998년 예장 통합의 신앙고백문은 "예수 그리스도의 복음 전파와 하나님 나라의 구현"에 관하여 말하고 있습니다. 온신학은 바로 이 고백과 연계하고 있으며, 예장 통합의 신학으로서 "그리스도의 교회 전체의 신학"이고자 합니다. 또한 온신학은 복음 전파와 "하나님 나라의 구현"을 전 세계에 실현하고자 합니다. 하나님 나라를 "구현한다는 것"은 "전 세계 속에서 하나님 나라의 징조를 발견하고 그것을 작동시키는 것"을 의미합니다. 이것은 나의 신학의 확신이기도 합니다. 선교적 신학 그리고 정치 신학은 서로 대립되는 것이 아닙니다.

모든 그리스도교 신학은 "온전함"을 추구합니다. 온신학만 그런 것이 아닙니다. 그러나 온전한 달이 떠올랐을 때에 비로소 반달의 밤은 지나간 것입니다. 김명용 교수는 이러한 달의 비유를 사용하였습니다. 이는 독일인들에게 마티아스 클라우디우스(Mathias Claudius)의 저녁노래를 상시시켜 줍니다:

"저기 서있는 달을 보세요:
저 달은 절반 밖에 보이지 않지요.
그러나 저 달은 아름답고 둥글지요."

반달도 아름답고 둥근 달입니다. 그 달이 반달로만 보이는 이유는 "우리의 눈이 그 달의 전체를 보지 못하기" 때문입니다. 신학적으로 말하자면 우리는 반달 아래 살지만, 그러나 온달을 믿습니다. 그러한 온달을 우리의 눈이 보게 되는 것은 그리스도의 영광이 나타날 때 비로소 가능합니다.

온신학은 온전한 신학이기를 주장하고 있는데, 이를 위하여서는 반달의 어두운 그늘에 대하여 불평하는 대신에 "반달"의 빛을 택하는 것이 더 낫지 않겠습니까? 반달은 또한 온달을 가리킵니다.

온신학의 제2부에서 김명용 교수는 한국의 130년 역사를 우리에게 소개하고 있습니다. 그의 온신학은 그 130년 역사 속에 나타난 다양한 신학들이 부분적으로 지니고 있는 진리들을 종합하는 시도를 하고 있습니다.

우선, 박형룡 박사의 근본주의 신학이 있습니다. 이 신학은 전적으로 하늘에서의 영혼 구원에 촛점을 맞추고 있습니다. 박형룡 박사의 정치신학은 교조적인 반공주의입니다. 그러한 교조적 반공주의를 대만과 한국의 개신교회에 퍼뜨린 사람은 미국의 신학자 칼 메킨타이어(Carl McIntire)였습니다. 김명용 교수의 비판에 따르면, 박형룡 박사의 추종자들은 남한의 군부독재자들을 비호하였고 민주주의를 위한 국민의 투쟁에 대한 이해를 전혀 심어주지 못했습니다. 1985년에 나는 한국의 기독교 아카데미에서 근본주의 신학자들과 민중 신학자들 사이의 화해의 대화에 참여한 바 있습니다. 그러나 거기에는 그 어떤 화해도 없었으며, 심지어 상호 인정조차도 없었습니다.

서남동과 안병무의 민중신학은 한국의 신학을 세계에 알리는 계기가 되었습니다만, 기장측과 한신대학교를 제외한 한국의 교회 속에서의 역할은 극히 제한적이었습니다. 나는 두 사람을 잘 알고 있었으며, 한 번은 서남동의 지하실에서 그룹토의에 참여하였습니다. 민중신학은 남아메리카의 해방신학에서 나온 것이 아닙니다.

민중신학은 안병무 교수가 하이델베르크 대학에 제출한 박사학위 논문인 "공관복음서 속의 예수와 오클로스"에서 출발한 것입니다. 이 전에 루터에게서 성서주석의 발견이 종교개혁이라는 역사를 만들었던 것처럼, 안병무 박사는 성서의 오클로스를 억압당하고 착취 당하며 질병에 시달리는 백성 – 한국어로 "민중" –과 동일시 하였 는데, 이는 전적으로 옳으며, 저도 그에 동의합니다. 안병무 교수 는 모든 것을 포괄하는 조직신학을 쓰려고 하지 않았고, 예수에 대한 민중의 기독론적인 관점과 자기백성에 대한 예수의 기독론적인 관점을 발굴해내고자 하였습니다. 온신학의 관점으로 말하자면, 안병무 박사는 자기시대의 한국의 불의한 세계 속에서 "하나님 나라의 흔적"을 바로 세우고자 한 것입니다.

오순절교회의 설교자 조용기 목사는 내가 한국에 갈 때마다 만나게 되었는데, 그의 "삼중축복"의 신학은 2005년에 그가 선언 했던 내용으로 인하여 더 확장됩니다. 그 선언의 내용은 다음과 같습니다. "나는 지금까지 개인구원에만 맞추어 설교해 왔던 것을 후회합니다. 그래서 나는 '사회구원과 자연구원의 해'를 선포합니다." 그 이후로 안병무 교수의 제자이자 한 때 저항적인 기장측 교회의 총회장을 지낸 박종화 목사가 여의도 교회의 사회참여를 조직화하였고, 그럼으로써 여의도 교회는 "온전한 복음 교회"(Full Gospel Church)가 되었습니다.

3. 온신학의 온전함 주장

이종성 박사는 자신의 통전적 신학을 통하여 가능한 많은 신학들을 통합하는 시도를 하였습니다. "그러나 온전함은 부분의 종합 그 이상입니다." 따라서 새로운 온신학은 온전하며 보편적인 그리스도교 신학을 위한 하나의 새로운 조직원리를 제시하려 합니다. 그 원리는 "온"이라는 수수께끼같은 단어 뒤에 숨어 있는데, "온"이란 "전체" 또는 "생명"을 의미할 수 있습니다.

모든 그리스도교 신학은 온전성과 보편성을 요구합니다. 왜냐하면 기독교는 종족종교가 아니라, 이 땅의 인류에 대한 하나님의 계시이기 때문입니다. 따라서 우리는 전혀 다른 시간과 공간의 그리고 전혀 다른 문화의 상황들로부터 발전한 그리스도교 신학을 이해할 수 있습니다. "독일신학"이란 없습니다. 그것은 히틀러 치하의 "독일 그리스도인 연맹"이라는 이단의 오류였습니다. 독일에서든 또는 한국에서든 각자의 상황 안에서 오직 그리스도교 신학이 있을 뿐입니다. 따라서 한국인들이 튀빙엔에서나 하이델베르크에서 또는 함부르크에서 연구할 수 있으며, 우리는 오늘 민중신학과 온신학에 관하여 논의할 수 있습니다.

온신학은 "유럽 신학의 온정성을 문제 삼는다"고 합니다(39). 왜냐하면 유럽의 신학은 너무 지나치게 계몽화된 이성의 범주 속에서 사고하고 있기에 인간의 역사 속에 나타나는 하나님의 영의 온전한 능력을 인식하지 못하기 때문이라고 합니다. 실제로 유럽의 신학은 성령의 기적이라든지 마귀의 악한 행위들에 관하여 더 이상 직접적으로 언급할 수 없습니다. 마치 루터가 "매우 악한 적"이라고 말했던 것처럼 그렇게 직접적으로 언급할 수 없게 되었습니다. 학문적–기술적 이성이 한국에도 도입된 이후에 한국의 그리스도교 신학이 어떻게 하나님의 온전한 활동을 생각하고 표현하게 될지 우리는 매우 궁금합니다. 유럽의 신학은 그에 대하여 배울 준비가 되어 있습니다.

온신학은 유럽의 신학이 그리스도중심적이기는 하지만, 그러나 성령을 적절하게 표현할 표준을 발전시키지 못하였다고 비판합니다. 그것은 옳습니다. 전세계적으로 신학자들이 피조세계 전체를 포괄하는 폭넓은 성령론을 연구하고 있습니다. 그러나 성령론과 기독론 – 이 둘은 성부 하나님의 양 손입니다 – 사이의 상호관계를 위하여 삼위일체론에서 말하는 "필리오케"(아들로부터도)가 니케아신조의 서구적 형식으로부터 벗어나야 합니다. 왜냐하면 이 형식은 일방적으로 성령론을 기독론과 연결시키고 있으며, 기독론을 성령론에 연결시키지는 못하기 때문입니다. 그리스 정교의 성령을 구하는 기도 – '오소서, 성령이여'–와 "마라나타" – '오소서, 주 예수여' – 는 서로 상응합니다. 여성신학자들은 히브리어 "루아흐"의 여성형태를 표현하기 위하여 성령(독일어 문법에서 성령은 남성임)을 "성령의 능력"(능력은 독일어 문법에서 여성임)으로 부릅니다. 저는 온신학이 풍성한 성령신학을 이루어 내기를 바랍니다. 이에 대하여 유럽의 신학은 배울 준비가 되어 있습니다.

온신학의 폭넓은 틀은 계속 발전되어야 하며 생명으로 채워져야 할 것입니다. 온신학은 칼 바르트가 했던 것처럼 1만 페이지짜

리가 될 필요는 없습니다. 둥근 온달을 믿도록 만들기 위해서 반달
이면 충분합니다.

번역: 박성규 교수(장신대)

제 2 강연

김명용 교수의 온신학의 미래를 위하여
(Zur Zukunft der Ohn Theologie von Professor Myung Yong Kim)

- 미하엘 벨커(Michael Welker) 교수
(독일 Heidelberg 대학교)

Zur Zukunft der Ohn Theologie von Professor Myung Yong Kim

Michael Welker

"Anders als durch Verwegenheit ist Theologie nicht wieder zu gründen!" Karl Barth hat diese Aussage Franz Overbecks, kritischer Theologe und Freund von Friedrich Nietzsche, gern zitiert, und er hat sie auch selbst beherzigt. Eine verwegene und mitreißende Theologie hat auch Jürgen Moltmann, der Doktorvater von Professor Kim Myung Yong, mit seiner Theologie der Hoffnung vorgelegt. Verwegen kann man auch die Ohn Theologie seines besten koreanischen Schülers nennen. Die Ohn Theologie tritt nicht nur mit dem Anspruch auf, "die Zusammenfassung und der Höhepunkt der 130 − jährigen

Theologiegeschichte in Korea" zu sein (57). Sie beansprucht auch, dem Ruf Jesu zu folgen: "Darum sollt ihr vollkommen sein, gleichwie euer Vater im Himmel vollkommen ist" (Mt 5,48). Professor Kim Myung Yong formuliert wiederholt: "Ohn Theologie··· beansprucht eine vollständige und vollkommene Theologie zu sein." (57)

Jesus verbindet seinen Aufruf, vollkommen zu sein, mit der Aufforderung zur Feindesliebe: "Ihr habt gehört, dass gesagt worden ist: du sollst deinen Nächsten lieben und deinen Feind hassen. Ich aber sage euch: liebt eure Feinde und betet für die, die euch verfolgen, damit ihr Söhne eures Vaters im Himmel werdet; denn er lässt seine Sonne aufgehen über Bösen und Guten, und er lässt regnen über Gerechte und Ungerechte. Wenn ihr nämlich nur die liebt, die euch lieben, welchen Lohn könnt ihr dafür erwarten? Tun das nicht auch die Zöllner? Und wenn ihr nur eure Brüder grüßt, was tut ihr damit Besonderes? Tun das nicht auch die Heiden? Ihr sollt also vollkommen sein, wie es euer himmlischer Vater ist. Hütet euch, eure Gerechtigkeit vor den Menschen zur Schau zu stellen; sonst habt ihr keinen Lohn von eurem Vater im Himmel zu erwarten."(Mt 5,43 − 6,1)

In den folgenden Bemerkungen zur Zukunft der Ohn Theologie möchte ich an diese Worte Jesu anschließen. Es geht mir nicht darum, die Verwegenheit zu problematisieren, mit der Professor Kim seine Theologie gegenüber anderen

Theologien hervorhebt und aus ganzem Herzen preist. Ich möchte ihn auch nicht dazu auffordern, die Unterscheidung der Geister aufzugeben und auf Urteile über andere theologische Positionen zu verzichten. Ich möchte ihn vielmehr ermutigen, seine eigene Theologie auszubauen und zu vervollkommnen, indem er die von ihm häufig bekundete Dialogbereitschaft gegenüber Positionen, die er nur teilweise teilt, deutlicher unter Beweis stellt. Es geht mir darum, ihn zu ermutigen, sparsamer mit Aburteilungen und Verurteilungen umzugehen, sparsamer jedenfalls, als es die deutsche Übersetzung des Textes nahelegt.

Schon bei früherer Gelegenheit habe ich die die Ohn Theologie meines Erachtens auszeichnenden Stärken klar hervorgehoben. Sie will eine koreanische Stimme deutlich in die Stimmen von Theologien aus allen Ländern der Welt einbringen. Sie will von Stärken und Schwächen lernen, die sie in Entwürfen koreanischer Theologie der vergangenen Jahrzehnte beobachtet hat. Fundamentalistische, pfingstkirchliche und befreiungstheologische Ansätze werden von Professor Kim geprüft, gewürdigt und der Kritik unterworfen. Inhaltlich-theologisch will er eine christozentrische und auf die Heilige Schrift gestützte Theologie, wie er sie vorbildlich bei den Reformatoren, bei Karl Barth (dem Gegenstand seiner Doktorarbeit) und bei Jürgen Moltmann vertreten findet, durch eine auf den Heiligen Geist konzentrierte Theologie ergänzen. Damit will er zugleich auf eine trinitätstheologische Orientierung hinarbeiten.

Mit Hilfe der starken Betonung des in der Kraft Jesu Christi und des Heiligen Geistes kommenden Reiches Gottes möchte er auf befreiungstheologische, sozialkritische und friedenstheologische Entwicklungen in Theologien und Kirchen dieser Welt zugehen. Dass er dabei auf eine kreuzestheologische und auferstehungstheologische Orientierung und auf Respekt vor der sog. Zwei-Naturen-Lehre Wert legt, gibt der Ohn Theologie Tiefe und Gewicht. Allerdings ist nicht immer deutlich, wie die Ohn Theologie den Willen zum Dialog mit anderen Positionen und das Bedürfnis nach Abgrenzung davon miteinander vermitteln will. Harte Urteile gegenüber anderen Theologien, vor allem aber der durchgängig erhobene Vorwurf, sie seien "einseitig", machen es nicht leicht, einen ernsten Willen zum Dialog zu erkennen. In dieser Hinsicht müsste die Ohn Theologie ganz erheblich ausgebaut und erweitert werden. Dabei müsste ihr ausgeprägter Wille zu profilierter Kritik auch mit der Bereitschaft zu lernender Selbstkritik verbunden werden. Uta Andrée hat dies in ihrem "Vorwort der Herausgeberin" deutlich angemahnt und eine Neigung zu selbstgerechtem Triumphalismus und gelegentlich auch zu einem dualistischen Weltbild beklagt.

Hilfreich scheinen mir auch die Warnungen Luthers

und Karl Barths zu sein, wir sollten uns nicht zu sehr für den Teufel interessieren, da sich dieser sonst nur freue und aufplustere. "Ein kurzer, scharfer Blick auf den Teufel und das Böse" sei angemessen, so Karl Barth. Dieser kurze, scharfe Blick ist die zweitbeste Waffe. Die beste Waffe, so möchte ich hinzufügen, ist das Vertrauen auf die oft unscheinbare Macht Jesu Christi und seines Geistes.

Einen großen geistlichen und ökumenischen Schatz legt Professor Myung Yong Kim mit seinem Hinweis auf die Theologie des Gebets frei. "Die koreanische Kirche ist aus dem Gebet heraus erwachsen··· Die koreanische Kirche ist eine betenden Kirche."(54) Dieser Impuls sollte sowohl christologisch als auch pneumatologisch weiter entfaltet werden. Das Gebet als Dankgebet, als Lobpreis und als Doxologie mit seinen vielfältigen Verbindungen zum Gesang der Gemeinde und zur Gestaltung der Liturgie und der Sakramente folgt dem priesterlichen Dienst Christi. Das Gebet als Klage und als Fürbitte gibt der prophetischen Nachfolge Christi Raum, bedarf aber der Ergänzung durch die Verkündigung, die Lehre und eine kirchliche und zivilgesellschaftliche Praxis. Das Gebet schließlich als diakonische Fürbitte steht in der Nachfolge der vorösterlichen Liebesdienste Jesu Christi. In dieser Hinsicht haben mich in den koreanischen Gottesdiensten die intensiven Bitten um Heilung und um Befreiung von Armut und Not besonders bewegt. Hier kann die Ohn Theologie ökumenische

Aufmerksamkeit erwecken.

Die alle Gebete begleitende ausdrückliche oder implizite Bitte um das Kommen des Reiches Gottes und des Reiches Christi muss uns davor bewahren, einen zu scharfen Dualismus zwischen göttlichem Wirken und menschlichem Dienst zu propagieren. Gott bedient sich der Menschen und der menschlichen Kräfte in der göttlichen Weltregierung. Sein Heiliger Geist – der ein Geist der Gerechtigkeit, ein Geist der Freiheit, ein Geist der Wahrheit, ein Geist des Friedens und der Liebe ist – will die Menschen ergreifen und durchdringen. In einer Welt, die neben einer Fülle von Fruchtbarkeit und Schönheit auch eine Fülle von Leid und Not, von geschöpflicher Selbstgefährdung und Selbstzerstörung kennt, will Gott seiner Gnade zum Sieg verhelfen. Gottes Kraft will in den Schwachen mächtig werden und das Böse barmherzig mit Gutem überwinden. Die Ohn Theologie kann in der Konzentration auf das Gebet ihre christologischen und pneumatologischen Anliegen in kirchlicher Praxis segensreich einbringen.

김명용 교수의
온신학의 미래를 위하여

미하엘 벨커(Michael Welker)

"대담한 방법을 사용하지 않으면 신학은 재건될 수 없다!" 비
판적 신학자요 프리드리히 니체의 친구였던 프란츠 오버벡(Franz
Overbeck)이 했던 말이다. 칼 바르트는 이 말을 적극적으로 인용
하였고, 바르트 자신도 이 말을 가슴깊이 새겨 두었다. 김명용 교
수의 박사 지도 교수였던 위르겐 몰트만 교수도 자신의 희망의 신
학을 통하여 대담한 신학, 마음을 움직이는 신학을 내놓았다. 대
담함으로 말할 것 같으면 몰트만 교수의 한국 제자인 김명용 박사
가 하고 있는 온신학도 그렇다. 온신학은 "130년 한국 신학의 결론
이자 정점이다"라고 밝히고 있다(57). 그 뿐만 아니라 온신학은 "그

러므로 하늘에 계신 너희 아버지의 온전하심과 같이 너희도 온전하라"(마5:48)는 예수의 부름에 응답하고자 하는 신학이다. 김명용 교수는 또한 다음과 같은 내용을 자주 말하고 있다: "온신학은 … 온전하고도 완전한 신학이고자 한다."(57)

　　예수는 온전하라는 자신의 요청을 네 원수를 사랑하라는 요청과 연결시키고 있다. "또 네 이웃을 사랑하고 네 원수를 미워하라 하였다는 것을 너희가 들었으나 나는 너희에게 이르노니 너희 원수를 사랑하며 너희를 박해하는 자를 위하여 기도하라 이같이 한즉 하늘에 계신 너희 아버지의 아들이 되리니 이는 하나님이 그 해를 악인과 선인에게 비추시며 비를 의로운 자와 불의한 자에게 내려주심이라 너희가 너희를 사랑하는 자를 사랑하면 무슨 상이 있으리요 세리도 이같이 아니하느냐 또 너희가 너희 형제에게만 문안하면 남보다 더하는 것이 무엇이냐 이방인들도 이같이 아니하느냐 그러므로 하늘에 계신 너희 아버지의 온전하심과 같이 너희도 온전하라. 사람에게 보이려고 그들 앞에서 너희 의를 행하지 않도록 주의하라 그리하지 아니하면 하늘에 계신 너희 아버지께 상을 받지 못하느니라"(마5:43-6:1).

　　온신학의 미래를 위한 나의 논평을 바로 이 예수의 말씀에 기대어 진술해 보고자 한다. 나는 여기서 김교수께서 다른 신학들에 맞서 자신의 신학을 강조하고 전심을 다하여 높이 세웠던 바로 그 대담함을 문제삼고자 하는 것은 아니다. 또한 나는 김교수께서 영들의 구별을 중단할 것과 다른 신학적 입장들에 대한 판단들을 하지 말것을 요구하고자 하는 것도 아니다. 오히려 나는 김교수께서 자신의 고유한 신학을 수립하여 완성시켜나가도록 용기를 주고 싶다. 그러한 일은 그 스스로 여러 번에 걸쳐 언급하고 있듯이, 그가 부분적으로만 동의하고 있는 다른 입장들과 대화할 준비가 갖추어져 있다는 것을 더 분명히 증명해 냄으로써 가능할 것이다. 나는 김명용 교수가 판단하고 평가하는 일을 조금 더 아껴서 할 것을 권고하고 싶다. 아무튼 온신학 독일어 번역본이 권유하는 것보다 훨씬 더 판단하는 일을 아낄 것을 권하고 싶다.

나는 이전에 이미 한 번 내 소견에 온신학이 가지고 있는 장점들을 분명히 강조한 바 있다. 온신학은 전 세계 신학의 목소리들 가운데 한국의 신학의 목소리를 내고자 한다. 온신학은 지난 세기 한국에서 기획된 신학들 속에서 발견되는 장점들과 약점들로부터 배우고자 한다.

근본주의 신학, 오순절 신학, 해방신학의 내용들을 김교수께서 검증하고, 평가해서 비판하고 있다. 신학적인 내용으로 보자면, 김교수께서는 주로 종교개혁가들, 칼 바르트(그의 박사논문의 주제이기도 하다), 위르겐 몰트만에게서 나타나는 그리스도 중심적인 신학과 성서에 기초한 신학을 성령에 집중하는 신학으로 보충하고 있다. 그렇게 함으로써 김명용 교수는 동시에 삼위일체론적 방향을 목표로 하고 있다.

예수 그리스도와 성령의 능력 속에서 다가오는 하나님 나라를 강하게 강조함으로써 김명용 교수는 이 세계의 신학과 교회 속에서 발전하고 있는 해방신학, 사회비판 신학, 그리고 평화신학에 접근하고 있다. 그럼으로써 그가 십자가 신학과 부활신학의 방향을 높이 평가하고 두-본성-론을 크게 존중하고 있는 것은 온신학에 깊이와 무게를 더해준다.

그러나 다른 입장들과 대화하려는 의지와 그 다른 입장들과의 차별성을 강조하려는 의지를 온신학이 어떻게 서로 중재할 수 있을지가 항상 분명하게 드러나고 있지는 않는다. 다른 신학의 입장들에 대한 엄격한 판단들, 무엇보다 그런 입장들은 온전하지 못하고 "편협한" 것이라는 비난이 온신학에서 전반적으로 강조되고 있는데, 이러한 비난은 대화를 위한 진지한 의지를 알아보기 힘들게 만든다. 이러한 대화의 관점에서 온신학은 강력하게 확립되고 확장되어야 할 것이다.

그렇게 함으로써 온신학에 익숙한 전문화된 비판은 기꺼이 배우고자 하는 자기비판의 자세와 연결되어야 할 것이다. 온신학의 번역자 우타 안드레(Uta Andrée)도 이 점을 "출판자 서문"에서 분명히 충고하고 있으며, 스스로를 의롭다 여기는 승리주의의 경향과 간혹 발견되는 이원론적인 세계관 경향에 대해서도 비판하고 있다.

아마도 루터와 칼 바르트의 충고가 많은 도움이 될 것으로 보인다. 그들의 충고에 따르면, 우리는 마귀에 너무 많은 관심을 기울이지 말아야 한다. 우리가 마귀에 너무 많은 관심을 기울이면 마귀가 오히려 좋아하고 거만하게 될 것이기 때문이다. 바르트에 따르면, "마귀와 악에 대해서는 짧고 날카로운 시선"이 적절하다. 이러한 짧고 날카로운 시선은 차선의 무기이다. 여기에 내가 부연하고 싶은 최선의 무기는 예수 그리스도와 그의 영의 능력에 대한 신뢰이다. 물론 이러한 능력은 자주 눈에 드러나지는 않는다.

김명용 교수는 기도의 신학을 제시함으로써 위대한 영적이며 에큐메니컬적인 보배를 발굴하고 있다. "한국교회는 기도로부터 성장하였다…한국교회는 기도하는 교회이다."(54) 이러한 추진력은 기독론적으로 뿐만 아니라 성령론적으로도 계속 전개되어야 할 것이다.

감사기도, 찬양기도 그리고 영광송으로 나타나는 기도는 교회 공동체의 찬송과 다양하게 연결되는 가운데 그리고 예배의식과 성례전과도 다양하게 연결되는 가운데 그리스도의 제사장직을 따르고 있는 것이다. 그리고 탄원과 중보기도로 이루어지는 기도는 그리스도의 예언자직을 뒤따르게 할 여지를 마련해 준다. 그러나 이러한 기도는 설교와 가르침 그리고 교회와 사회 속에서의 실천으로 보완될 필요가 있다. 마지막으로 디아코니아의 중보기도로 이루어지는 기도는 예수 그리스도의 부활 이전의 사랑의 봉사를 뒤따르는 것이다. 이러한 관점에서 볼 때 한국의 예배에서 이루어지고 있는 치유를 위한 집중 기도와 가난과 재난으로부터 벗어나기 위한 집중 기도는 나에게 특별한 감명을 주었다. 바로 이 점에서 온 신학은 에큐메니컬적인 주목을 불러일으킬 수 있다.

모든 기도에는 하나님의 나라와 그리스도의 나라의 도래를 위한 기도가 동반되는데, 그러한 하나님 나라의 도래를 위한 기도는 하나님의 활동과 인간의 봉사를 너무 예리하게 구분하는 이원주의의 선전을 틀림없이 막을 것이다. 하나님은 세계를 통치하는 가운데 인간과 인간의 능력들을 사용하신다.

하나님의 영은 – 정의의 영, 자유의 영, 진리의 영, 평화의 영, 그리고 사랑의 영으로서 – 인간의 마음을 움직이고, 인간을 완전히 사로잡고자 한다. 풍요와 아름다움으로 가득할 뿐만 아니라, 고통과 재난 그리고 피조물의 자기훼손과 자기파괴로도 가득한 하나의 세계 속에서 하나님은 자신의 은혜로 이기도록 도우신다.

하나님의 능력은 약한 자들 속에서 강하게 될 것이고, 자애로운 방식으로 악을 선으로 이길 것이다. 이렇게 기도에 집중하고 있는 온신학은 그 기독론적이며 성령론적인 관심사들을 교회 실천 속에서 충만한 축복으로 제시할 수 있을 것으로 본다.

번역: 박성규 교수(장신대)

만지작